David Jaffin · ». . .und geh in ein Land . . .«

W0190974

David Jaffin

»... und geh in ein
Land, das ich dir
zeigen will ...«

Autobiographische
Anmerkungen

Die Deutsche Bibliothek – CIP-Einheitsaufnahme

Jaffin, David:
Und geh in ein Land, das ich dir zeigen will :
autobiographische Anmerkungen / David Jaffin. Lahr :
Johannis, 1995
  (TELOS-Bücher ; 2371 : TELOS erzählendes Paperback)
  ISBN 3-501-01250-0
NE: GT

ISBN 3-501-01250-0

TELOS-Paperback 72 371
© 1995 by Verlag der St.-Johannis-Druckerei, 77922 Lahr
Umschlaggestaltung: Helmut Baumann
Umschlagfoto: W. Rauch
Gesamtherstellung: St.-Johannis-Druckerei, 77922 Lahr
Printed in Germany 12013/1995

Für meine liebe und tapfere Frau
Rosemarie, meine Rosemarie

Inhaltsverzeichnis

Das »Urgeschrei«

Wenn Sie mich fragen würden: »Wie sah das Zimmer aus?«, könnte ich nur antworten: »Ich weiß es nicht.« Und wenn Sie mich fragen würden: »Wie viele Kinder waren in diesem Raum?«, könnte ich nur antworten: »Ich erinnere mich daran nicht genau.« Und wenn Sie mich fragen würden: »Wie sahen die Kindergartentanten aus?«, so habe ich eigentlich keine richtige Ahnung. Aber an eines kann ich mich erinnern, als meine allererste Erinnerung: Meine gute Mutter ließ mich das erste Mal abends allein und ich schrie wie am Spieß. Ich schrie so laut, daß alle anderen Kinder wach wurden und auch anfingen zu schreien. Ich schrie so laut, daß die Tanten anfingen zu verzweifeln, bis endlich meine Mutter kam und mich nach Hause brachte.

Weiter zurück kann ich mich nicht erinnern. Bilder gibt es wohl. Ich liebte es, Enten und Eichhörnchen zu füttern und sehr früh habe ich meinen ersten Baseball sehr heftig geworfen, nur leider in die falsche Richtung. Und wie mir überliefert wurde, war der Tag meiner Beschneidung so heiß, daß mehrere Anwesende in Ohnmacht fielen. Solche Zeichen hätten vielleicht in biblischen Zeiten Bedeutung gehabt, aber ich schien zuerst der Sohn zu sein, den meine Eltern immer haben wollten (nach zwei älteren Schwestern, die dann lange über mich geherrscht haben). Ein Amerikaner, vollblütiger Amerikaner, der alle Baseballspieler und Footballspieler namentlich kannte, auch ihre Leistungen. So amerikanisch, daß sich meine Grundschullehrer einig waren: Jaffin wird ein

großartiger Sportreporter werden, denn mit einer so lautstarken Stimme und einem so leidenschaftlichen Engagement für die Sache selbst, könnte er jeden durch seine Reportage begeistern. Bis zu meinem achten oder neunten Lebensjahr mußte ich als Analphabet gelten. Alle hielten mich für dumm, oder gar sehr dumm. Zum Passahfest, als ich über den faulen Sohn oder den dummen Sohn las, hat jeder in eine andere Richtung geschaut, um meine Eltern nicht zu blamieren, denn ich las stotternd und fehlerhaft. Nur einer glaubte, daß etwas in mir steckte, meines Vaters Vater. Seine Logik war folgende: »Ich bin klug, sehr klug und mein Sohn George ist sehr intelligent, deswegen muß auch etwas in diesem ›Baseball-Amerikaner‹ stecken.«

Meine Vorväter: Die Großeltern

Meine Großeltern stammten aus jüdischen Ghettos in Osteuropa. Als gute Amerikaner wollten meine Eltern nicht daran denken, was vorher in unserem Familienstammbaum zu finden war. Aber das änderte sich plötzlich durch eine Fernsehsendung. Ein Kollege meiner Frau rief eines Abends an mit der guten Nachricht: »Ich habe gerade eine Sendung über Niederösterreich angeschaut. Und was sah ich da? Den Grabstein eines Erzbischofs mit dem Namen Jaffin aus dem 14. Jahrhundert.« – »Alle Jaffins sind miteinander verwandt«, hat mein Vater mir einmal stolz erklärt. Denn mein Großvater Barney Jaffin sagte zu dem amerikanischen Einwanderungsbeamten, »Ich heiße Jaffin«, während er in Wirklichkeit Jaffe (Joffe) hieß. Er wollte nämlich einen anderen Namen als seine Brüder annehmen, mit denen er ständig in Streit lag. Aber nein, von einem niederösterreichischen Erzbischof abzustammen, das konnte mein Vater (aus mehreren guten Gründen) nicht ertragen. Am nächsten Tag rief er Yivo an, eine Organisation, die sich nach dem Holocaust auf jüdische Familiengeschichte spezialisierte. Yivo, beauftragt von meinem aufgebrachten Vater, kam zu einem für ihn guten Ergebnis. Wir stammen von Joffe ab, dem zweitgrößten Rabbiner der Renaissance. Joffe hat viele Bücher geschrieben, außerdem war er Leiter der gleichen Prager Gemeinde, welche etwas früher Luthers Bekehrungsversuchen unter den Juden ein schroffes Ende bereitet hat, indem manche dieser Missionare insgeheim zum

Judentum übergetreten sind. Und gerade diese Begebenheit hat Luther so in Zorn geraten lassen, daß er seine fürchterliche antisemitische Schrift »Die Juden und ihre Lügen« 1543 schrieb.

Aber zurück zu meinen Großeltern. Weiter zurück durfte ich als guter Amerikaner nicht blättern, denn damals waren die Juden arm, aber – vergessen wir es niemals – fromm, viel frommer als ihre vom Mammon gelockten Nachkommen. Genauso unterschiedlich wie meine Eltern waren auch ihre Eltern. Meine Mutter und ihre Familie, auch ihre Eltern, waren gläubige, feinfühlige, aber nicht sonderlich begabte jüdische Kleinbürger aus dem von Rußland verwalteten Teil Polens. Die Eltern meiner Mutter stammten aus Chmelnik, einem kleinen Schtetl im jetzigen Südostpolen. Als die Pogrome, die schrecklichen Pogrome ab 1881 in Rußland ausbrachen, wanderten viele Juden nach Amerika und England aus. Auch die erste Alijah nach Israel fand zu dieser Zeit statt. Wer nicht bis 1923 auswanderte, als Amerika neue, strengere Einwanderungsgesetze erließ, blieb Hitler und seinen Schergen überlassen. So kann der Herr sein Volk auch durch Verfolgung retten. Gott sei Dank, wanderten meine Großeltern um die Jahrhundertwende nach New York aus.

Mein Großvater mütterlicherseits, Isaak Guzy war ein sehr frommer und sehr ethischer Mann. Meine Mutter sagte mir einmal, sie überlege jeden Tag, auch nach dem Tod ihres Vaters im Jahre 1945, als ich noch nicht 8 Jahre alt war, ob sie richtig gehandelt und gelebt habe, im Sinne dessen, was ihr Vater von ihr verlangte. Isaak Guzy war ein sehr ungewöhnlicher Mensch. Mit vier Jahren wurde er durch einen Wald getragen, um Hebräisch zu lernen. Er war später in seinem Schtetl sehr angesehen, und als Erfinder hatte er es dann in Amerika zu einem gewissen Ruhm gebracht. Letztes Mal in Amerika zeigte mir meine Mutter, daß ihr Vater in »The Dictionary of National Biography«, einem Nachschlagewerk über die bedeutendsten Amerikaner, zu finden ist.

Ich kann mich nicht sonderlich gut an ihn erinnern, wohl aber an eine Erzählung über ihn. Als eine Depression über Amerika kam, ich glaube im Jahre 1907, kaufte er eine Bahnkarte für so weit sein Geld ihn bringen konnte. Er stieg in der Nähe von Galveston (Texas) aus, welches damals fast einer Wildnis glich. Da er kein Geld hatte und sich im Wald befand, stieg er abends auf einen großen Baum, um da zu schlafen, damit die wilden Tiere ihn nicht angriffen.

An seine Frau Dina kann ich mich sehr gut erinnern, da sie 99 Jahre alt wurde. Mit elf Jahren hatte Dina einen merkwürdigen Traum. Sie lebte damals mit ihrem Vater und mehreren Geschwistern in New York. Ihre Mutter, die zu der Zeit etwa 35 Jahre alt war und die anderen Kinder lebten noch in Polen. Die Post brauchte damals mehrere Monate von Polen bis New York. Dinas Vater arbeitete, bis er genügend Geld verdient hatte, um seine Frau und Kinder nachzuholen. Dina träumte, daß ihre Mutter zu ihr sprach: »Dina, ich bin tot, ich bin bei unserem Gott. Glaube immer an ihn, halte seine Gebote, und du wirst auch eines Tages bei mir sein.« Die nächste Post brachte die Nachricht, daß Dinas Mutter plötzlich gestorben war. Dina blieb ihr ganzes Leben lang sehr fromm. Und diese Dina, meine Dina, war die allererste, die meine Ehe mit einer nichtjüdischen Deutschen, 16 Jahre nach Auschwitz, akzeptierte. Sie sagte zu meinen Eltern: »Der Herr wird wissen, warum David diesen Weg geht.« Sie hat recht gehabt! Ich widmete meiner Dina zusammen mit dem Pfarrer, der mich getauft hat, mein erstes Buch »INRI. Jesus von Nazareth, König der Juden.«

Nach den Aussagen meines Großvaters sind die Jaffins eine sehr intelligente Familie. Sie sind jedenfalls eine sehr emotionale Familie, mit ungeheuerer Intensität. Mein Großvater Barney starb, als ich 13 Jahre alt war. Er verkaufte Semmeln auf der Straße seines Ghettos, Mogoliev bei Vilnius, als er fünf oder sechs Jahre alt war, damit die Familie über die Runden kam. Mit 17 Jahren wanderte er nach Amerika aus. Barney arbeitete 16 Stunden am Tag und arbeitete sich als Selfmademan empor, bis er in der großen Depression fast sein gesamtes Vermögen verlor. Barney war ein begabter Holzschnitzer. Er liebte die Oper und arbeitete bei der Reinigung der Metropolitan Opera, weil er zu wenig Geld verdiente, um Eintrittskarten bezahlen zu können. Barney war ein »Edelkommunist«. Er war mit Trotzki befreundet und traf ihn jedes Wochenende, um die Revolution zu planen. Aber nachdem Barney zu etwas Geld gekommen war, hörte er auf, Kommunist zu sein. Seit seinem 40. Lebensjahr bekam er ständig Herzinfarkte. Jedes zweite Jahr einen ernsten und dazwischen einen leichten. Die Ärzte hatten ihn mehrmals aufgegeben. Aber Barney antwortete darauf in zweifacher Weise: Der Herr sagte, daß er uns 70 Jahre gegeben hat. Und er starb kurz nach seinem 70. Geburtstag. Dazu hörte er auf, sich von Ärzten behandeln zu lassen, obwohl mein Vater darüber ganz anderer Meinung war. Meine Großmutter väterlicherseits war so dick, daß sie kaum durch die Wohnungstüre gehen konnte. Sie war ein sehr unglücklicher Mensch, aber trotzdem tanzte sie leidenschaftlich zu Elvis Presleys neuen Schlagern. Meine Großeltern lebten alle in New York und wir außerhalb. Die Großstadt war für mich immer etwas Fremdes und Bedrohliches, und ich war immer glücklich, wenn wir nach Hause zu meiner Natur kommen konnten, zum Fußball- und Baseballspielen, auch wenn meine Großmutter väterlicherseits uns gut und reichlich mit Nahrung versorgte.

Meine Eltern

Es ziemt sich vielleicht nicht, daß Kinder über ihre Eltern schreiben. Obwohl die meisten von uns versucht haben, unsere Eltern zu »erziehen« als Gegenleistung für die Erziehung, welche wir genossen haben. So habe ich als Geschichtsstudent meinen Eltern jahrelang Bücher zu ihren Geburtstagen geschenkt, von welchen ich dachte, daß die sie weiterbringen würden in diesem, meinem Fach. Aber so lange diese Bücher auf ihrem Nachttisch lagen, so wenig wurden sie fleißig in meinem Sinne studiert. Dann aber kaufte ich meinen Eltern einmal nach ihrem Interesse und nach ihrem Geschmack das bestmögliche Buch, ein Buch, ehrlich gesagt, welches ich sonst nie in die Hand genommen hätte. Und was ist passiert? Meine Mutter kam zu mir, glühend vor Dank: »So was Schönes hast du uns noch nie geschenkt.« – Jawohl, »Elternerziehung« ist keine leichte Sache.

Dazu kommt, daß jetzt, da ich diese Zeilen schreibe, meine Eltern noch leben. Mein Vater ist 88 Jahre alt und arbeitet immer noch mehr als halbzeitig. Nur eines wurmt ihn, daß er einen Freund hat, der sogar 92 ist, und dieser Freund arbeitet vollzeitig. Meine Mutter ist so rüstig wie möglich mit 85. Vor drei Jahren gewann sie ein Golfturnier, und ihre Konkurrentinnen waren meistens lediglich halb so alt wie sie. Im Februar 1993 feierten meine Eltern ihren 65. Hochzeitstag.

Mein Vater ist ein angesehener Jurist. Er sagte mir einmal: »David, die meisten Juristen versuchen das Einfache sehr kompliziert zu machen. Ich aber versuche genau das Gegenteil zu tun, das, was sehr kompliziert erscheint, transparent zu machen.« Mein Vater bekam seinen guten Ruf als Jurist während der Depression. Seine Spezialität war es, bankrotte Firmen wieder flott zu machen. Und es gelang ihm öfters.

Ich habe immer tiefe Gemeinsamkeiten mit meinem Vater bemerkt, auch wenn unsere Werte, unsere Lebenseinstellung total verschieden sind. Wer ein Bild von uns von der Rückseite machen würde, würde sofort merken, daß wir fast gleich gehen. Dazu denken wir, glaube ich, sehr ähnlich, aber über total andere Sachverhalte. Wir beide haben eine sehr komplizierte Art zu denken, aber unsere Zielsetzung ist, wie mein Vater mich gelehrt hat, das Komplizierte transparent zu machen, ob in juristischen Sachen, ob in theologischen oder gar im Gebet und in Gedichten. Was meinen Vater und mich immer verbunden hat, ist unsere Liebe zu Israel.

Mein Vater ist im materiellen Sinne sehr erfolgreich, aber im wahrsten Sinne des Wortes ist er kein Materialist. Er ist viel zu tief beschäftigt mit sich selbst und auch mit den Problemen anderer. Er merkt oft gar nicht, was um ihn her vorgeht, denn in seinem Sinne ist seine Welt nicht materiell geprägt. Die Dinge, materielle Dinge jeder Art, sei es ein Auto oder ein Haus oder Kleidung, spielen für ihn, für seine Wahrnehmung keine große Rolle. Auch wenn ich gelernt habe, genauer zu beobachten, mich nicht allein von innerer Stimmung leiten zu lassen, so bin ich in meinem Naturell meinem Vater hier sehr ähnlich, aber natürlich in materiellem Sinne viel weniger erfolgreich. Mein guter Onkel Irving, auch Jurist und ein kluger, der jahrelang unter meinem Vater arbeitete, sagte neulich: »David hatte recht, wegzugehen von seinem Vater und seinem Einfluß.« Er meinte, daß mein Vater eine sehr starke Persönlichkeit ist und alles, auch Personen in seinen Bann zieht, in seinem Sinne beeinflußt. Das ist seine Stärke wie auch seine Schwäche, und so sind unsere Stärken und Schwächen fast immer zutiefst miteinander verbunden.

Mein Vater hat sich in meine Mutter verliebt, als er sie zum ersten Mal traf. Er war damals 14, ein Jahr bevor er auf die Universität ging, und sie war elf. Meine Mutter war wirklich eine Schönheit, blond und anmutig in ihrer Erscheinung. Noch eines teilen mein Vater und ich: eine starke Abneigung gegen laute, aggressive Frauen, sogenannte emanzipierte Frauen. Denn die Frauen gewinnen ihre wahre Stärke nicht, indem sie sich männlich geben, sondern gerade durch ihre Weiblichkeit. Das zieht nicht nur an, sondern in dieser Schwachheit liegt ihre wahre Kraft. So bin ich dankbar, daß meine Mutter mich in Geborgenheit und in tiefer Liebe erzogen hat.

Die Mutter meiner Mutter, Dina, war Analphabetin, sie konnte weder lesen noch schreiben, aber sie war fromm und klug. Meine Mutter hat auch kaum formale Bildung genossen, denn sie mußte ständig im Geschäft ihrer Eltern arbeiten, und damals und in ihrer Familie war für Frauen weitere Ausbildung nicht üblich. Aber wenn man bedenkt, was für einen komplizierten Mann sie geheiratet hat und drei nicht so einfache Kinder hatte, merkt man, daß sie in vielem überfordert war, und darunter hat sie ihr ganzes Leben lang gelitten. Es gibt keinen Zweifel, daß mein Vater so eine gute, liebevolle Frau brauchte, eine Frau, welche viel mehr direkte, zuhörende menschliche Kontaktfähigkeit besaß als er selbst, aber in der Kindererziehung ließ sie sich trotz ihres eigenen guten menschlichen Verstandes ständig einschüchtern von den neuen, meist psychologischen Moden, und das war für keinen von uns gut.

Wenn ich heute meine Eltern mit etwas Abstand betrachte, stelle ich folgendes fest: Mein Vater – und ich tendiere vielleicht auch etwas in diese Richtung – ist sehr schnell mit seinen eigenen Gedanken beschäftigt, zwar mit eigenen Gedanken, die oft anderen zugute kommen, aber ich weiß, wenn ich mit meiner Mutter rede, daß sie ganz und gar, Leib, Geist und Seele, dabei ist, zuhört und bemüht ist, in wahren und tiefen menschlichen Kontakt mit mir zu kommen. In diesem Sinne bleibe ich ihr weiterhin dankbar, für ihre zum guten Teil selbstlose Liebe zu mir.

Meine Schwestern

Der Herr hat mir zwei Schwestern vorausgeschickt: Doris, sechseinhalb Jahre älter als ich und Lois, etwas mehr als zwei Jahre älter. Es wäre kaum vorstellbar, zwei Schwestern zu haben, die verschiedener sind. Ich, der viel von der Psychologie der eigenen Beobachtung, nicht der Schulpsychologie, halte, stellte seit langem fest, daß Kinder dazu neigen, manche Gebiete für sich in Anspruch zu nehmen, und dann kommen ihre Geschwister nicht zu diesen »belegten Fächern«, sondern zu ganz anderen. Doris war immer eine sehr fleißige und sehr gute Schülerin und Studentin. Sie konnte sich mit den besten Studenten messen, die Harvard, wo sie studierte, zu bieten hatte. Aber ihre Intelligenz war fast ganz ohne schöpferische Prägung. Sie lernte sehr gut und sehr schnell, aber so gut ich das beobachten konnte, lernte sie, was andere dachten und sagten. Nicht daß Doris ohne eigene Meinung wäre. Wenn ich sie und ihren Mann, Lee, dem ich, wie Doris, sehr nahe stehe, besuche, komme ich – können Sie sich das vorstellen? – kaum zu Wort. Sie fangen gleich an, sich miteinander in intensive Streitgespräche zu verwickeln, und ich gehe hinaus, um die Goldfische zu beobachten.

Als ich klein war, war ich für Doris wie eine kleine Puppe, ihre besondere Puppe. Einmal sagte sie, als ich elf war, von ihrem Psychologiestudium beeinflußt: »David, ich will unbedingt deine Meinung haben über meinen zukünftigen Mann.« Und so brachte sie Nr. 1, um von meinem Vater ins Kreuzverhör genommen zu werden. »Was sind Ihre zukünftigen Pläne? Was ist Ihre Ausbildung?« Dieser arme junge Jurastudent. Jurastudent und Jude, das paßte gut zu den Kategorien meiner Eltern. Ich fand ihn aber ziemlich langweilig. Aber mit Nr. 2, Lee, fand ich mich so gut zurecht, daß ich ihm kaum Zeit ließ für meine wartende Schwester Doris.

Lois hat einen viel wichtigeren Einfluß als Doris auf mich ausgeübt, vor allem als ich 13 bis 15 Jahre alt war – mehr dazu später. Lois, wie gesagt, ist genau das Gegenteil von Doris. Zwar war sie gar nicht schlecht in der Schule, aber Lois war introvertiert. Sie fing sehr früh an, Gedichte zu schreiben, Gedichte, welche vielen imponiert haben, auch mir, weil die meisten diese »Meisterwerke« nicht verstehen konnten. Sie war stark beeinflußt von dem großen christlichen Lyriker Blake und von Baudelaire. Während Doris um unsere Freiheit von meinen Eltern kämpfte, ging Lois unbemerkt in ihr Zimmer und dichtete. Doris behauptet, daß sie Vorkämpferin unserer eigenen Rechte und unserer eigenen Freiheit gewesen war. Ja, und sie leidet bis heute daran, denn in unserer Familie herrschte eine Art von Demokratie. Meine Eltern hatten in allem zwei Stimmen, weil sie älter und für unsere Erziehung verantwortlich waren, und jedes Kind hatte eine Stimme. So verloren wir immer vier zu drei. Gleiches Recht bekam ich erst, als meine beiden Schwestern studierten, aber dann ging es meistens vier zu zwei aus.

Lois hat den Bruch in meinem Leben hervorgerufen, einen Bruch, welcher zu tiefster innerer Not geführt hat, aber ein Bruch, welcher für meine Zukunft absolut prägend war. Denn ich lebte als Kind nur für Sport, war sehr beliebt bei allen, wurde aber von nie-

mandem ernst genommen. So steht es um manche
sehr netten Pfarrer heute, die Angst haben, oder denen es an der Überzeugung fehlt, das Evangelium
klar und deutlich, ungeschminkt zu predigen.

Familie Jaffin; fotografiert bei der Bar Mizwa Davids

Meine Kindheit, neu entdeckt

Es gibt zwei Arten unser Leben zu betrachten, mittendrin, oder mit zeitlichem Abstand. Beide Methoden bringen etwas ans Licht, aber verdunkeln anderes. Mittendrin kann ich Tag für Tag meine Gedanken und Gefühle genau schildern, lebendig vermitteln, aber weil ich mittendrin stehe, sind die großen Konturen verwischt. Wenn wir unser Leben mit Abstand betrachten, vor allem aber unsere Jugend, verstehen wir zwar mehr, was die Zukunft bringen wird, was die wichtigen Linien der eigenen Entwicklung waren, aber wir verlieren die Nähe zum Leben selbst, zu den eigenen Gefühlen und Gedanken von damals. Da niemand mich gebeten hat, meine Selbstdarstellung zu schreiben, als ich acht oder 14 oder 25 war, muß ich mich mit der zweiten, aber vielleicht weniger wertvollen Methode zufrieden geben, der des Nachdenkens, Nachfühlens, Nachschauens.

Wie gesagt, war ich damals, bis zu meiner Bar Mizwa mit 13, alles andere als fleißig in der Schule. Ich interessierte mich nur für Sport, sowohl für die eigene Leistung (welche objektiv gesehen meistens sehr gut war, ich war später Sportlehrer und Tennis- und Tischtennisturnierspieler – eine sehr schlechte Kombination), als auch für die Leistungen der Profis. Bis zum heutigen Tage höre ich samstag abends, wenn die Zeit es erlaubt, über AFN, »College Football«. Meine Lieblingsmannschaft war, seit ich fünf Jahre alt war, sehr zum Ärgernis meiner Eltern (und auch für mich als evangelischen Geistlichen) »Notre Dame« (»Unsere Liebe Frau»), Amerikas bedeutendste katholische Universität, seit Jahrzehnten immer ein äußerst interessantes Footballteam.

Ja, im Rückblick merke ich, daß damals das Poetische, das Religiöse, auch die erste Begegnung mit dem Tod vorhanden waren, auch wenn ich noch vollkommen unreif war.

David, der »Baseball-Amerikaner«, kniet in der ersten Reihe als zweiter von rechts

Das Poetische / Religiöse

Wenn mich jemand im Zeitraum zwischen meinem 16. Lebensjahr bis vor kurzem gefragt hätte, wer ich sei, so hätte ich geantwortet: »Ich bin Dichter.« Ich glaube, daß diese Bezeichnung immer noch stimmt, auch wenn ich mich jetzt als »Diener Gottes« betrachte. Ich habe immer eine Ader für das Poetische gehabt. Die Romane, die mich am meisten treffen, sind nicht die sozialen Romane, sondern die poetischen, zum Beispiel die von Turgenjew, Thomas Hardy oder Adalbert Stifter, Joseph Roth oder Willa Cather. Selbstverständlich liebe ich als Dichter Tolstoi über alles, denn auch er ist zutiefst poetisch. Was bedeutet das »Poetische«? Ich denke, wer poetisch empfindet, der spürt tiefes Gefühl in Beziehung zu nicht rein menschlichen, sozialen Begegnungen; Platon war hier der Poet und Aristoteles das Gegenteil. Fast immer, wenn ich unter Menschen bin – und Pfarrer sein, ist ein sozialer und nicht ein poetischer Beruf –, merke ich plötzlich das Alleinsein. Ich höre die Stimme meines Wesens. So spüre ich auch in der Natur diese Weite, auch in mir selbst. Ebenso wenn ich um eine Ecke gehe in einer neuen Stadt, merke ich, etwas Neues ist im Kommen. Poetisch empfinden bedeutet, eine tiefe Verbindung zu besitzen, zwischen uns selbst und der Natur, auch zwischen uns selbst und der eigenen Stimme in uns. So schrieb ich einmal: »Sie sang sich selbst zu ihrer eigenen Stimme«, oder »Sie spielte Klavier, als ob ihre Finger etwas Neues finden könnten, etwas, das tief verborgen in ihrem eigenen Wesen liegt, aber doch gegenwärtig ist«. Unsere Welt leidet an vielem, aber sie leidet auch daran, daß wir viel zu wenig inneren Raum, poetischen Raum für uns in dieser hektischen Zeit in Anspruch nehmen. Aber daran sind wir letzten Endes selbst schuld, wie David Riesmann in seinem Buch »Einsame Masse« schreibt. Wir Christen kennen dieses Poetische auch in unserer Stillen Zeit, und zwar dann im tiefsten Sinne, in Beziehung zu unserem Schöpfer, Erlöser und guten Hirten. Alle wirklich großen Gestalten unserer Kirche haben dieses tiefe, innige Gebetsleben, welches auch ein »christlich-poetisches« zu nennen wäre. Nur aus dieser Kraft haben sie die andere Kraft zu missionarischen und diakonischen Einsätzen.

Und auch als amerikanischer Baseballer hatte ich solche tiefen poetischen Erlebnisse. Abends habe ich öfters den Vorhang in meinem Zimmer offenstehen lassen, damit ich im Herbst die Schatten der fallenden Blätter an meiner Wand mitspüren konnte. Dann kam meine Mutter, um mit mir zu beten.

> »Wie eine Mutter
> sich selbst
> zu kindlicher Einfalt
> betet, wie
> sie ihre
> Augen schließt,
> ihre Hände faltet,
> so gib mir
> die Kraft, Herr,
> nicht an meine Kraft
> zu glauben,
> sondern anbetungsvoll
> und schweigsam vor dir
> zu bleiben.«

Begegnung mit dem letzten Feind

Meine Eltern haben den Tod immer von mir ferngehalten. Über den Holocaust erfuhr ich nichts von meinen Eltern, sondern aus Geschichtsbüchern – nicht nur deutsche Eltern haben ihren Kindern gegenüber davon geschwiegen –, denn was soll ein jüdisches Kind denken, wenn es erfährt, daß es umgebracht werden konnte, nur weil es Jude ist. Auch durfte ich zu keiner Beerdigung gehen. Ein Todesfall oder eine schwere Krankheit wie bei meinem Großvater, wurden unter vier Augen besprochen. Deswegen hat der Tod ungeheuerliche Dimensionen für mich angenommen. Ja, ich erinnere mich, daß ich nach einem Baseballspiel, ich war damals vielleicht acht Jahre alt, und am Abend zuvor hatten meine Eltern – dieses Mal nicht allzu sehr unter vier Augen – über eine Beerdigung gesprochen, nach Hause kam, um meine Hände zu waschen. Ich schaute in den Spiegel und fragte mich, »Wie siehst du aus, David, wenn du tot bist?«, und zum ersten Mal nahm ich Baseball-Amerikaner damals, erschreckt bis in die Tiefe meines Daseins, wahr, daß der Tod mich erlöschen läßt, alles, was ich habe und bin, meine ganze Identität. Ich war wirklich zutiefst erschreckt. Damals mit acht Jahren bin ich meinem letzten und tiefsten Feind, dem Unsichtbaren, zuerst begegnet, und zwar waffenlos, denn welche Sportreportage könnte den Tod entmächtigen?

Vier Jahre später besuchte ich meinen seit langem todkranken Großvater, diesen Patriarchen, diesen Familienhelden, diesen Starken, Unbeugsamen. Im Schatten seiner Stadt, New York, lag er, nun der Schat-

ten eines Menschen, im Sterben wie ein Kind waffenlos, hilflos.

Fünf Jahre später kam meine nächste existentielle
Begegnung dieser Art. Unter meinen Cousinen und
Cousins gab es drei, denen ich besonders nahestand:
Madeline, die mit mir in die Schule ging, die Tochter
meiner Tante Sylvia; Moss Andrew, der drei oder vier
Jahre jünger als ich war, der immer mit mir spielen
wollte – Moss war der Sohn meiner Tante Nicki und
meines Lieblinsonkels Irving; und dann David Gold-
stein. Alle drei sind jetzt längst tot. Madeline starb an
Brustkrebs mit 31. Moss beging Selbstmord unter Ein-
fluß von Drogen mit 29, ein entscheidendes Ereignis
in meinem Glaubensleben, und David starb bei einem
Flugzeugunglück. Er war etwas über 40. Aber über
die drei will ich hier nicht berichten, sondern über
Madelines Vater, Onkel Morton. Onkel Morton war
der Esau unserer Familie. Er war sehr groß, sehr
sportlich, behaart und ein Jäger, unruhig im Geist.
Morton haßte meinen Vater, der für ihn ein Jakob war.
Morton sagte immer: »Wir müssen männlich sein.«
Das wäre alles gut und recht gewesen, wenn er nicht
ausgerechnet Zahnarzt gewesen wäre und zwar meiner. Mein Vater ging nicht zu ihm, weil Morton ohne
Betäubungsmittel bohrte, zumindest wenn er mich
behandelte. Als ich schrie, sagte er immer, selbst ge-
nügsam, »Männlich muß man sein.«, und dieser Riese
von einem Menschen, dieser Esau unserer Familie lag
im Sterben. Ich besuchte ihn, als ich 17 war. Die Vor-
hänge waren verschlossen. Er lag da, fast bewegungs-
los. Der Tod, unser letzter Feind, hatte ihn fest im
Griff, hatte ihn zum Schweigen gebracht, diesen un-
steten Esau.

Und dann mit 17 kam ich auch selbst an die Reihe,

wurde in meiner Machtlosigkeit entblößt. Es ging eigentlich nur um etwas anscheinend harmloses, eine Mandeloperation. Ich bekam eine Äthernarkose, und ich erinnere mich sehr gut, wie das war. Ich versuchte mit all meiner Kraft, mit meinem ganzen Willen wach zu werden, aber immer wieder neu kam es wie Wellen über mich, daß mein eigener Wille ausgelöscht wurde, dann versuchte ich immer wieder wie Sysiphus, klar zu werden, wach zu werden, Herr meines eigenen Lebens zu werden, und immer wieder kamen diese Wellen über mich, löschten mein Bewußtsein aus. Und als ich aufwachte, sagte meine Mutter zu mir: »Merkwürdig war das, David, immer wieder sagtest du: ›Ich bin besiegt, ich bin ein Besiegter des Herrn‹.« Jetzt weiß ich, das war mein »Jakobserlebnis«.

Bar Mizwa

Wir trafen uns 40 Jahre später, und zwar auf der Terrasse des modischen, jüdischen Golfklubs meiner Eltern. Er war damals über 80, ergraut, hatte gerade seine Frau und seine Tochter (mit der meine Eltern mich gerne verheiratet gesehen hätten) an Krebs verloren. Er war der gleiche warmherzige, gütige Mensch, ein guter Bridgepartner meiner Eltern. (Mein Großonkel Max, der erste, der meine Frau und mich nach unserer Hochzeit in Europa besuchte, hat ihn

immer »Vater Schwarz« betitelt.) Ja, er war mein Rabbiner. »Vater Schwarz«, weil er so liberal war, daß er
sich ganz und gar nicht an das Jüdische Gesetz hielt.
So liberal, daß meine Kenntnisse über das Judentum
(welche, glaube ich, nicht gering sind), am wenigsten
von ihm kamen. Ja, und dieser Rabbi Schwarz sagte
zu mir in einem Moment der Selbsterleuchtung: »David, mein Kollege (so nannte er mich), ich war wirklich im Grunde genommen erfolglos bei Ihnen.« Und
ich antwortete wie immer, wenn möglich, sehr deutlich: »Ja, Sie haben mir nicht beigebracht, was Judentum wirklich beinhaltet.«

40 Jahre früher: Meine Bar Mizwa. Die Bilder, sehr
schön und zahlreich, vom Modephotographen Hal
Harrison, erzählen etwas über diesen rabbinischen
Inhalt, ja, sie entblößen diese Bar Mizwa. Am wichtig-
sten waren damals für mich die Bilder mit allen meinen Sport-Auszeichnungen. Bester Tennisspieler unter 13 Jahren in Scarsdale, meiner Stadt von 13.000
Einwohnern. Allerdings war mein bester Freund und
ein besserer Spieler als ich, Herb Krosney, nicht dabei.
Dann »Best Camp Spirit«, und da war die Wahl einstimmig. Das bedeutet, wer am engagiertesten war in
unserem Sportcamp. Und so wurde folgendes über
mich damals in diesem modischen, jüdischen Sommerlager überliefert: »Als wir einschliefen, redete Jaffin. Als wir aufwachten, redete Jaffin, und niemand
weiß, ob er dazwischen aufgehört hat.« – Ja, »Best
Camp Spirit«, das erste Mal in der Geschichte dieses
Sommerlagers einstimmig gewählt. Dazu mehrere
Trophäen für Leistungen in Tennis und Tischtennis.

Und die anderen Fotos – beste Bar Mizwa des Jah-
res. Das bedeutet, die Qualität des Essens, der Tanz-
musik, der Umgebung und die Gäste, Familie und die

Geschäftsfreunde meines Vaters waren tipptopp. Und da, der kleine David, der Baseball-Amerikaner, umhüllt von wohlwollender Familie, der Liebling von allen. Hübsch und braun sah ich aus, aber ziemlich dumm. Das war meine Bar Mizwa, fünf Jahre nach Auschwitz.

Die große Wende

1950 mit meiner Bar Mizwa endete die erste Phase meines Lebens. Wer hätte es besser haben können? Wie das Gershwin-Lied geht: »Your father's rich and your mother's good looking, so hush little baby (David) why must you cry.«

Lois kam unerwartet in mein Zimmer, nachdem ich eine sehr gute Leistung (in Baseball) vollbracht hatte und fragte: »David, hast du Dostojewski gelesen?« Ich antwortete natürlich: »Nein«, denn ich konnte kaum lesen, und wenn ich etwas las, dann war es sehr systematisch der Sportteil der New York Times oder John R. Tunis' Sportbücher. Wer war denn dieser Dostojewski überhaupt? Wenn er ein Baseball- oder Footballspieler war, dann sicherlich noch nicht ein Profi, denn ich kannte sie alle nach Namen und Leistungen. Meine Boheme-Schwester sagte, Dostojewski sei ein großer russischer Dichter. »Wenn du ihn nicht gelesen hast, dann hast du nicht gelebt.« Ja, so sagte sie das. Ich mußte feststellen, daß ich großen Respekt vor Lois hatte, nicht wegen ihrer sportlichen Leistungen, welche weniger als Null waren. Aber Respekt hatte ich vor ihr, weil sie Gedichte schrieb, die niemand verstand, weswegen sie mehrere Preise erhielt, so schöne Preise wie die Sporttrophäen, welche mein Zimmer schmückten. Ich wollte auch von Lois respektiert werden und ging am nächsten Tag zur Stadtbibliothek und fragte nach einem Buch von Dostojewski, diesem nicht Baseball-spielenden Russen. Ich bekam sein Erstlingswerk, »Arme Leute«. Ich brachte das Buch nach Hause, denn ich wollte gelebt haben, wie meine

Schwester andeutete, aber der Wortschatz war etwas anders als der von John R. Tunis' Sportbüchern. Zum ersten Mal nahm ich ein Wörterbuch in die Hand und versuchte Wort für Wort, Zeile für Zeile das alles zu verstehen. Meine Mutter kam in mein Zimmer und war vollkommen schockiert, mich lesen zu sehen. Sie sah den Titel an, »Arme Leute« und sagte zu mir: »David, warum willst du dich traurig machen und solches Zeug lesen?« Aber etwas in mir sagte: »Lies weiter, daß du deiner unverständliche Gedichte schreibenden Schwester sagen kannst: ›Ich habe gelebt, ich habe Dostojewski gelesen.‹«

Vom Baseball-Amerikaner zum Dichter David

Und was Lois in Gang gesetzt hat, das habe ich konsequent weiterverfolgt, mit meinem für mich typischen Eifer. Ganz ehrgeizig holte ich nach »Arme Leute« alles, was unter Dostojewski in unserer Bibliothek
zu finden war und brachte das alles nach Hause. Jetzt
würde ich Lois sagen können, daß ich wirklich, ganz
und gar gelebt habe. Aber dem Schein zum Trotz habe
ich höchstens ein oder zwei Meisterwerke zu Ende
gebracht, denn lesen war immer noch nicht meine
Stärke, und bei den Russen geht es nicht nur um
lange, würstellange Wörter, sondern um Menschen
mit vier- oder fünffachen Namensmöglichkeiten. Das
war etwas schwieriger für mich, als Baseballeistun-
gen auswendig zu beherrschen. Und kurz danach
legte ich ein inneres Gelübde ab, daß ich niemals in
meinem Leben Kitsch lesen werde, daß ich niemals in
meinem Leben Schlager hören würde und daß ich
nicht mehr ein Baseball-Amerikaner sein werde, sondern ein hochgebildeter – man kann wohl sagen –
Snob. Und bei Dostojewski blieb es nicht. Gebildete
amerikanische Juden lesen die russischen Romane,
vor allem Tolstoi, Dostojewski und Turgenjew mit
Wonne. Viele von uns stammten schließlich aus
Rußland. Vor allem beeindruckte mich der große
christliche Dichter Tolstoi, dessen Theologie mich
nicht interessiert, sondern seine zutiefst christlich ge-
prägten Romane. Wer seinen »Tod des Ivan Illjitsch«
und seine »Auferstehung« als Christ nicht gelesen
hat, der hat wirklich nicht gelebt. Diese auch dem

Inhalt nach christlichen Werke drangen bis tief in mein Wesen hinein.

Mit der Musik ging es folgendermaßen: Vor-Bar-Mizwa-Jaffin hörte gerne die Hitparade, die besten Schlager. Der Übergang beinhaltete Musicals, dann etwas ernstere Musicals wie Kurt Weills »Lost in the Stars«, und dann entdeckte ich meines Vaters klassische Plattensammlung. Beethoven, Tschaikowsky, Mendelssohn, Standardwerke vor allem des 19. Jahrhunderts, welche er selten hörte. Aber ich hörte sie, Stunde um Stunde, bis ich glaubte, jetzt weiß ich, was der Komponist mir sagen will. Ich kann mich gut erinnern, daß ein Werk von Brahms, das Violinkonzert, mir etwas Mühe machte. So hörte ich stundenlang dieses Werk immer wieder, bis ich innerlich wußte: Jetzt verstehe ich. Das ist meine Art bis heute geblieben mit Dingen, die mich ansprechen.

Mit 14 hörte ich immer wieder die späten Streichquartette von Beethoven, welche manche (ich jetzt nicht mehr) für die tiefsten Werke der Musik halten. Mit 14 entdeckte ich auch Bachs h-Moll Messe. Mit 16, nach diesen drei Jahren sehr vertieften Suchens, fand ich zu meinen Lieblingskomponisten, Joseph Haydn und Heinrich Schütz. Haydn (ich kenne fast alles, was er geschrieben hat) war und ist der unterschätzteste aller Komponisten. Haydns Musik als ganzes ist vielleicht vielseitiger und vielschichtiger als Bach, Mozart oder Beethoven. Er kann, wie Mozart mit Recht sagte, »alles tun, uns zum Lachen und zum Weinen bringen, besser als jeder andere«.

Und dann diese h-Moll Messe, mein Lieblingswerk von Bach, und Heinrich Schütz. Ich entdeckte die wunderbaren Aufnahmen der Johannes- und Matthäus-Passion von Hans Grischkat. Ja, Haydn,

Bach, Schütz, alle zutiefst christliche Komponisten, und sie sprachen mich alle an, bis in meine Seele hinein. Hier war ein Schritt in Richtung zu meinem Herrn und Erlöser Jesus Christus. Jedes Jahr sang unser Chor Messen von Haydn. Wir haben sogar seine große Caecilienmesse in Amerika uraufgeführt in der Carnegie Hall.

Jawohl, aus dem Baseball-Amerikaner war ein denkender, fühlender David geworden. Und dann fing ich eifrig an, »Gedichte« zu schreiben. Ich hatte früh von Lois gelernt: Schlechte Dichtung bedeutet klischeehafte Sprache, Niedlichkeit im Inhalt. Das sollten Christen, die offen für Kultur und Bildung sind, auch lernen, denn große Kunst jeder Art ist, richtig betrachtet, keine Gefahr für uns, sondern kann eine sehr tiefe Bereicherung sein. Und in meinen jetzigen Gebetsbüchern und Bildbänden, die »Kunst als Verkündigung« betrachten, versuche ich so gut ich kann, diese christliche Botschaft manchen Pietisten, die kulturellen Dingen gegenüber ängstlich verschlossen sind, nahezubringen. Ja, ich bin auch ein Pietist, ein lutherischer-jüdischer Pietist, aber während ich manches von Pietisten zu lernen hatte, so glaube ich, haben sie vielleicht manches von mir zu lernen. Zuerst schrieb ich Gedanken, dann Bilder, und mit 16 kam mein erstes »Gedicht«, in dem Aussage und Bildersprache eine Einheit waren. Ich bin froh, daß ich David heiße. König werde ich niemals werden, aber vielleicht ein kleiner Dichter David.

Der Aufruhr

Es war weder das erste noch das letzte Mal, daß ich einen Aufruhr verursacht habe. »Was«, sagte »Chief«, der Besitzer unseres sportlichen, modernen Sommerlagers, »einen Gesprächskreis für Intellektuelle«? Ich war mit 13 gar nicht so sicher, was dieser Begriff »Intellekueller« eigentlich beinhaltet, aber dazu fühlte ich mich ganz und gar zugehörig. Und mein Mitbegründer dieses Klubs, jetzt sicherlich Professor irgendwo in den USA, Terry Davies, auch. Ja, wir haben eine Revolution in dieses nur an Sport und Fitneß interessierte Sommerlager gebracht. Und als der Trainer für das Baseballteam zu mir kam, um meine Talente als Werfer (Pitcher) zu umwerben, sagte ich ihm, wenn er bereit wäre, ein ausgedehntes Gespräch über Beethoven und vor allem seine letzten Streichquartette zu führen, dann, und nur dann wäre ich bereit, für ihn »Pitcher« zu sein.

Nächstes Jahr fand ich mich in Indian Hill, einem Sommerlager für junge begabte Musiker, Künstler und Tänzer wieder. Eigentlich war ich in keinem dieser Gebiete besonders begabt. Zwar hatte ich eine schöne und vor allem sehr laute Stimme. Der Dirigent, Harold Aks, nannte mich »Heißer Larynx«. Wenn ich falsch sang, und das kam leider oft vor, sang unser ganzer Chor falsch, denn meine Stimme übertönte alles, was da an Talent vorhanden war. Diese Erfahrung haben seither Dirigenten leider über 40 Jahre lang mit mir machen müssen. Im nächsten Sommer etablierte ich mich in Indian Hill, wo ich mich unter mehr oder weniger Gleichgesinnten zu Hause fühlte, als Dichter und Sportler. Harold Aks war hier auch Baseballtrainer und, wie vielleicht viele amerikanische Künstler und Intellektuelle, sehr von Baseball begeistert. In meinem ersten Jahr in Indian Hill habe ich mich »aus moralischen Gründen« geweigert, Baseball zu spielen, und niemand hatte eine Ahnung, daß ich der zukünftige Star unserer Mannschaft sein würde. So kam ich am Anfang des zweiten von vier oder fünf Sommern in Indian Hill zu Harold Aks, der meine Liebe zu Haydn entzündete und sagte: »Ich will bei der Baseballmannschaft mitspielen!« Er, ahnungslos, daß mein Talent viel mehr in dieser Richtung liegt als zum Beispiel beim Blattlesen einer Bach-Kantate, ging mit mir zum Sportplatz und warf den Ball sehr langsam als »Pitcher« zu mir, als ob ich überhaupt nicht verstünde, worum es bei Baseball ginge. Ich schlug diesen Ball zu weit, bis tief in den Wald. Er guckte mich so an wie später ein Eichhörnchen, mit dem ich ins Gespräch kommen wollte und wiederholte das gleiche. Fünfmal hintereinander schlug ich einen »home run«, tief in den Wald. Und er proklamierte vor allen staunenden Indian Hillern, daß Jaffin der Retter unseres Baseballteams sein werde. Und recht hatte er: Ja, der junge Jaffin war immer noch Baseballer, aber vergessen wir nicht: »Intellektueller Baseballer«, auch wenn das Wort »Intellektuelle« immer noch ein Geheimnis für ihn blieb.

Und geh in ein Land, das ich dir zeigen will (I)

Er war es, der umkippte bei meiner Beschneidung, Ernst Weill, Deutsch-Amerikaner, eigentlich Frankfurter, der 1936 Deutschland verlassen und sich mit meinen Eltern im gleichen Sommer angefreundet hat. Im darauffolgenden Jahr wurde er bei meiner Beschneidung ohnmächtig, und jetzt, als ich 14 war, wurde er einer meiner geistigen Mentoren. Ernst war Chemiker (als er später in den Ruhestand trat, wurde mir gesagt, daß seine Firma drei Leute einstellen mußte, um seine Arbeit zu tun – ja, ein fleißiger Deutscher). Er hatte 1929 in Frankfurt über den Apfelwein promoviert und war in einer Büttenrede im Fasching danach zum Doktor Alkoholis Causa ernannt worden. Ernst, seine Mutter und seine Frau waren bis in ihre Fingerspitzen Vertreter der deutschen Kultur. Er spielte Klavier wie ein Profi. Für ihn war das prägende Erlebnis mit Nazideutschland, daß sein Musiklehrer, seit Jahren ein guter Freund der Familie, sich nach 1933 weigerte, ihn als Nicht-Arier, zu begrüßen. Ich ging mit meinen Eltern manchen Sonntag zu den Weills. Erna, seine Frau, war eine angesehene Bildhauerin, eine Schülerin von Ernst Barlach. Als ich sechs Jahre alt war, hat sie auch mich als ihr Modell ausgesucht. Ernsts Mutter konnte kaum Englisch sprechen, aber eines Tages sagte sie zu mir: »Meine Familie lebte tausend Jahre in Deutschland, wir waren Deutsche durch und durch (sie las Goethe und Schiller, sang Bach und spielte Beethoven) und jetzt kam dieser Hitler und sagte, wir seien keine Deutschen. Was soll ich hier tun, in diesem unkultivierten Land von Kaugummi und Baseball?« Verbittert war sie, aber zumindest, anders als viele deutsche Juden, noch am Leben.

Es war sicherlich eine der merkwürdigsten Begegnungen meines Lebens, als ich mit etwa 30 Jahren Ernst im Nachkriegs-Deutschland begrüßen sollte. Der Bürgermeister von Frankfurt hatte ihn und andere Juden eingeladen »ihre Stadt« wiederzusehen. Und damals war ich es, der Ernst auf Deutschland vorbereitete. Ich sagte ihm: »Ernst, das Deutschland von heute ist ein kleines Amerika, längst nicht mehr das Deutschland deiner Jugend, nicht ein Land von Dichtern und Denkern, sondern eher von der D-Mark geprägt. Aber dieses Deutschland ist auch nicht das Deutschland, das dich und so viele in Schrecken versetzt hat im Dritten Reich. Nein, das Deutschland von heute ist ein kleines Amerika.« Er besuchte uns in Oberreith in der Nähe von München, fuhr dann nach Frankfurt, war alles andere als beglückt und kehrte niemals mehr zurück. Nein, ich war es, der jetzt hierher gehörte, vorgeprägt von Ernst und Erna, »The Last One«, wie ich mich in einem Gedicht beschreibe, der letzte der »deutschen Juden«.

Robert

Sie können sich sicher vorstellen, daß mein Leben in dieser meiner zweiten und »dunklen« Lebensphase zwischen 1950 und 1960 nicht so einfach war. Außer den schönen Sommern in Indian Hill, wo ich Charles Edward Ives, Amerikas größten Komponisten, persönlich erlebte und Freundschaft schloß mit mehreren angehenden Musikern und Künstlern – ja, außer dieser guten Sommerzeit als »Baseball-Intellektueller« hatte ich es schwer, und die Schuld lag ganz und gar bei mir selbst. Ich wandte mich nach innen, suchte nach einem Sinn im Leben, las vor allem russische Romane, hörte klassische Musik und dichtete. Freunde hatte ich immer noch, Richard Foreman, der dann ein weltberühmter Regisseur geworden war, und der als Herausgeber unserer literarischen Zeitschrift an meiner High School meine ersten Gedichte veröffentlichte. Lee, der Mann meiner Schwester Doris, war auch ein guter Freund geworden. Wir teilten eine ästhetische Leidenschaft – er war Architekt, Schüler von Frank Lloyd Wright und ein feiner Maler, auch ein Verehrer Mozarts. Ich als Haydn-Freund tauschte Platten in dieser Richtung mit ihm aus. Aber vielleicht der Freund, welcher mich damals für die Zukunft besonders prägte, war Robert. Robert wohnte in der gleichen Straße wie ich. Robert war anders als der Baseball-Amerikaner und auch der Baseball-Intellektuelle. Er war weder Sportler noch Intellektueller, sondern Robert hatte eine tiefe und innige Beziehung zu allem, was der Herr schuf. Von ihm habe ich eine Menge gelernt. Er sagte mir einmal, als wir 17 waren:

»David, die Natur ist nicht ein großer Bergblick oder eine herrliche Seelandschaft. Die Natur lernt man kennen durch kleine Blumen und Gräser.« Er hat zwar den großen englischen Romantiker Wordsworth nicht gelesen, aber trotzdem verstanden. Und ich fing an, genauer zu beobachten, Freude und Wonne zu bekommen an diesen kleinen Geschöpfen Gottes. Und ich würde allen meinen Lesern das Gleiche empfehlen. Wir als Christen sollen lernen, uns mit den kleinen Dingen und den kleinen Freuden zu begnügen, denn des Herrn Hand wird auch hier deutlich sichtbar.

Und es war Robert, der mich eine Liebe zu Hunden, vor allem zu kleinen Hunden, lehrte. Zwar bekamen wir einen Cockerspaniel als ich acht war, aber dieser Hund, der mir manche autographierten Basebälle von benachbarten Gärten nach Hause brachte, war wirklich wild und zwar nur Damen gegenüber, vor allem mochte er die mit langen Kleidern und Parfüm nicht. Wie später Wastl benutzte er seine Zähne nicht nur um Knochen zu entfleischen. Wir mußten ihn dann weggeben und zwar als Wachhund. Aber welcher Wachhund greift nur Frauen an? Robert liebte Tiere, vor allem Hunde. Es kam mir vor, daß, wenn er auf die Straße ging, die Hunde aufhörten zu bellen. Er konnte sich mit jedem Hund vertraut machen. Er lehrte mich dann auch diese Liebe zu den Geschöpfen, den nichtbellenden und den bellenden Geschöpfen Gottes, vor allem zu den Dackeln.

Der Herr zeigt den Weg

Während dieser »dunklen Zeit« gab es auch eine Vordeutung meines zukünftigen Weges, oder besser gesagt, Gottes zukünftigen Wegs mit mir. Bei meiner Konfirmation mit 14 sprach ich über »Die Bedeutung Gottes für unser Leben«. Ich kann mir gut vorstellen, daß dieser Titel etwas besser klingt als der Inhalt damals gewesen ist. Zwar hatte ich als Kind einen guten kindlichen Glauben, zwar hatte ich mit 17 mein »Jakobserlebnis«, zwar hat mich der tiefe christliche Inhalt »meiner« Komponisten und »meiner« Dichter sehr angesprochen, aber alles blieb ohne besondere Konsequenzen. Ich begnügte mich damals wie mein Vater bis heute mit »religiösen Erfahrungen«, wie William James, der große amerikanische Philosoph, sie auszudrücken vermag. Das bedeutet Momente, in denen ich die Nähe Gottes spürte, durch große Musik, in der Natur, auch im Gebet. Aber das alles blieb ohne festen Gehalt.

Im Rückblick weiß ich jetzt, daß der Herr seinen zukünftigen Weg mit mir vorgedeutet hat. Damals an der Universität Michigan ahnte ich es wirklich nicht. Bei meinen Abendspaziergängen, tief in mich selbst, in meine Gedanken versunken, kam ich immer zu einer beleuchteten Kirche. Natürlich war sie geschlossen, aber dieser Weg war für mich geheimnisvoll wie manche Bilder von Caspar David Friedrich. Warum immer zu dieser Kirche, zu diesem Licht?

Dann gab es eine Wende innerhalb meiner »dunklen Phase«, als ich an der Universität New York studierte und die Wissenschaft, vor allem die Geschichte zu einem neuen Zentrum meines Lebens geworden war. Und dann kann ich mich sehr gut erinnern: Eines Tages hatte ich mit 19 ein tiefes, inneres Bedürfnis zu beten. Ich suchte eine Synagoge, welche in New York nicht schwer zu finden ist, denn es gibt heute viel mehr Juden in und um New York als in Jerusalem, Tel Aviv und Haifa zusammen. Ich ging hinein, um zu beten, aber der »Mesner« kam zu mir und fragte: »Sind Sie Mitglied dieser Synagoge?« – »Nein.« – »Dann dürfen Sie hier nicht bleiben.« Bitte verstehen Sie diese Aussage nicht falsch. Das kann auch bei einer Kirche passieren. Vor meiner zweiten theologischen Prüfung hatte ich auch das Bedürfnis zu beten. Ich ging zu der Kirche gegenüber. Da stand geschrieben: »Klopfet an, so wird euch aufgetan.« Ich klopfte an, aber niemand machte mir auf. Nein, diese doppelte Erfahrung mit Kirche und Synagoge sehe ich im Rückblick als Gottes Wegweisung für mich: »David, ich habe dich zu der Gemeinde Christi gerufen«.

David als Geschichtsstudent

Er saß auf einer Bank im Park, im Washington Square Park in New York, in der Nähe von meiner Universität und wartete auf mich. Fast pensionsreif war er, mein Doktorvater, Harold Hulme. Jahrzehntelang hat er an meiner Universität gelehrt, war Spezialist in englischer Geschichte, vor allem der Verfassungsgeschichte des 16. und 17. Jahrhunderts. Es war nach meinem Rigorosum zum Ph.D.; ich kam und er sagte zu mir: »David, Sie waren der beste Student, den ich je gehabt habe. Zwar hatte ich Studenten, die so intelligent waren wie Sie, aber nie einen mit so viel Originalität. Ich will, daß Sie mein Nachfolger werden. Sie sollen das endgültige Buch über Sir Edward Coke schreiben«, einen der größten Juristen und Parlamentarier Englands.

Er ahnte, was ich ihm sagen wollte, denn meine Doktorarbeit über die Entwicklung unseres historischen Verständnisses der Geschichte Englands im frühen 17. Jahrhundert, durch Historiker des 17. bis 19. Jahrhunderts, begann mit einem Zitat des großen christlichen Historikers, Sir Herbert Butterfield. Butterfield sagt, daß die Wissenschaft nicht in der Lage ist, über die Grundwahrheiten des Lebens Auskunft zu geben, denn diese, das Leben selbst, die Liebe, der Sinn im Leiden und der Tod, sind nicht wissenschaftlich untersuchbar. Und, so fuhr Butterfield fort, die Geschichte der Geschichtsschreibung zeige dem technischen Historiker wie meinem Professor Hulme seine Grenzen. Nach Butterfield (und Jaffin) ist es der

48

Prophet, nicht der Wissenschaftler, der das Leben im wahrsten und tiefsten Sinne versteht.

So antwortete ich meinem Professor: »Ich gehe weg, ich werde mich niemals mehr wissenschaftlich betätigen, denn die Wissenschaft kann mir die zentralen, existentiellen Fragen des Lebens nicht beantworten.« Er weinte, daran kann ich mich gut erinnern, dieser alte und gute Mann, der mich vielleicht in seiner dramatischen Art der Darstellung etwas beeinflußte für die Zukunft. Er weinte, und ich ging, ja, andere Wege.

Die Suche nach der richtigen Frau

Ich war lange Zeit sehr schüchtern dem anderen Geschlecht gegenüber. Zwar war ich in der »Frauenschule« von Doris und Lois erzogen worden, aber mit aller meiner Intensität habe ich wie viele Männer etwas Angst vor dem anderen Geschlecht, vielleicht Angst vor meinem eigenen Gefühl und meinen Impulsen. Ich habe Freundinnen gehabt, aber in jedem Sinne des Wortes, mit einer gewissen Distanz. Ich habe gewußt, daß Liebe nicht etwas ist, das wir schaffen können, sondern etwas, das uns geschenkt wird, das über uns kommt, ein Geheimnis. Aber dieser Best-Camp-Spirit-Jaffin war auch in dieser Hinsicht das leitende Motiv meiner Handlungen. So ging ich konsequent auf die Suche, auch wenn ich wußte und nochmals lernen sollte, daß uns das wichtigste im Leben, wie Glaube, Liebe und Hoffnung, geschenkt wird. Jeden Samstagabend habe ich eine Verabredung gehabt, meistens jemand anderes. Innerhalb von zwei oder drei Jahren habe ich mehrere Dutzend Frauen kennengelernt, aber keine, die die richtige für mich gewesen wäre. Zwar gab es junge Damen, die das von ihrer Sicht aus anders gesehen haben. So sagte mir eine zwar sehr hübsche, aber für meinen Geschmack etwas oberflächliche: »David, du bist der richtige Mann für mich!« In die Kategorie meiner Eltern hätte sie gut hineingepaßt, Jüdin, der Vater Facharzt, aber für mich war sie sicherlich nicht die Richtige. Viele dieser jungen Damen habe ich durch »Blind Dates« kennengelernt. Das bedeutet, daß Freunde und Verwandte jemanden für mich ausgesucht haben, um mir dann die

Entscheidung zu überlassen. Ich wußte, daß ich zwei zentrale Entscheidungen im Leben zu treffen hatte: Über die Ehe und über den Beruf (um die wichtigste Entscheidung für Christus habe ich damals gar nicht gewußt.) Aber in diesen beiden Bereichen kam ich selbst nicht weiter. Alle Damen gefielen mir in diesem oder jenem Sinne nicht, vor allem als wahre Ergänzung zu mir selbst. Jaffins brauchen als Frau jemanden, der innig, weiblich und anmutig ist, jemanden als Ergänzung zu unserem »Best-Camp-Spirit«.

Und geh in ein Land, das ich dir zeigen will (II)

Jetzt war die Zeit für meine Europareise. Meine beiden Schwestern haben nach ihrem Studium etwas ähnliches gemacht. Ich kaufte einen Eurailpaß, welcher für alle europäischen Länder gültig war. Meine Mutter sagte zum Abschied zu mir, 1961, 16 Jahre nach Auschwitz: »Gehe nicht nach Deutschland, aber wenn du gehen mußt, bring mir keine deutsche Frau zurück.« – »Du sollst deinen Vater und deine Mutter ehren« gilt unter den Juden als das am schwersten zu erfüllende Gebot. Und so war es bei mir auch. Später hätte ich sagen können: »Mutter, ich habe keine Deutsche geheiratet, sondern eine Bayerin.« Aber meine Mutter hätte das nicht wirklich verstanden. Auf dem Schiff traf ich einen alten Schulkameraden von mir, einen Juden und seinen katholischen Freund. Die beiden wollten nach Deutschland gehen. Etwas in mir als Jude, als Historiker, als Freund von Ernst Weill, von deutscher Musik und Kultur, war sehr aufgeregt über diesen Gedanken. Und ich ging. Als ich über die deutsche Grenze kam, war eine innere Aufregung in mir als ob ich nach Harlem über die 96st Street fuhr. Hier war Gefahr. Ich habe wohl gewußt, daß Zehntausende von Kriegsverbrechern noch hier lebten. Einen traf ich Jahre später. Er sagte zu seiner Frau: »So einen netten jungen Mann habe ich seit Jahren nicht getroffen.« – Das sagte ein SS-Offizier und Massenmörder von Juden, der mich vor 20 Jahren getötet hätte, nur weil ich Jude bin. Vielleicht würde ich irgendwann einen Arzt brauchen, und vielleicht würde er ein KZ-Arzt gewesen sein. Im Zug traf ich einen jungen Studenten. Er hieß Hanno Weise aus Moers. Ich sprach ihn an, vor allem über Judesein in Deutschland. Er sagte: »Ich bin stolz ein Deutscher zu sein, aber ich hasse alles, was Hitler und seine Leute gemacht haben.« Er lud mich zu sich nach Hause ein. Ich sprach lange mit seinem Vater, der Musik sehr liebte, über die deutsche Vergangenheit. Er und seine Frau weinten, als sie hörten, daß ich Jude bin. Manchmal weiß man hier als Jude nicht, was echt und was unecht ist. Ich glaube, diese Tränen waren echt.

Und dann meine erste Nacht in Deutschland. Ich schlief unruhig ein. Aber in der Mitte der Nacht wachte ich auf und erschrak. Von draußen hörte ich lauter schreckliche Schreie, Todesschreie. Ich dachte sofort an die Todeslager und wollte weg, es war drei Uhr in der Früh – nichts als meinen Koffer holen und verschwinden. – Gegenüber von uns war der Schlachthof, und in dieser Nacht wurde geschlachtet.

Liebe ist, wenn ich dich so sehe, daß mein eigener Schatten bricht

Es geschah an einem Sommertag in München. In dieser Stadt hatte ich einige Freunde gefunden und für eine Zeitlang Halt gemacht. Eines Tages kam Rosemarie, meine Rosemarie, zu dieser Clique. Sie war für mich so hell wie die Sommertage, und ich fing nach Jahren noch einmal an, Gedichte zu schreiben, um um sie zu werben. Solche Gedichte sind immer schlecht, waren aber in dieser Sache mehr als hilfreich. Vor allem weil sie sich als angehende Anglistin in solcher Literatur, natürlich durch etwas bessere Beispiele, auskannte. Diesen Tag am Starnberger See werde ich niemals vergessen, noch den bei ihrer Tante, als ich um ihre Hand bat. Als sie mir an jenem Abend ihr Jawort gab, war ich so schrecklich glücklich, daß ich gar nicht wußte, was ich tun sollte. Und dieses Problem wurde vergrößert durch die Tatsache, daß mein letzter Bus von Ottobrunn, wo Rosemarie lebte, nach München ohne mich in die Stadt fuhr. Und so ging ich meinen eigenen Weg um Mitternacht spazieren, in meinem leichten und etwas zu hervorstechenden, amerikanisch gefärbten Anzug. Mit der Zeit, trotz aller inneren Freude und Aufregung, wurde mir kalt. Ich ging in eine Telefonzelle und versuchte mich aufzuwärmen. Dann schlug es zwei Uhr. Auch diese Telefonzelle brachte keine Wärme, und so ging ich auf die menschenleere Straße, auf der Suche nach einem Hotel. Ich fand eines, zumindest dachte ich, daß es eines wäre, klingelte und schrie laut auf Englisch: »Machen Sie bitte auf!« Auf diesen verzweifelten Ruf gab es keine Antwort. Aber kurz danach sah ich ein Polizeiauto kommen, mir entgegen. Mein Vater hatte mich als Jurist immer gelehrt, höflich mit Polizisten umzugehen, aber diese Kunst habe ich bis dahin nie ausüben müssen. Ich ging fröhlich diesem Polizeiwagen entgegen und sagte, natürlich auf Englisch: »Ich suche ein Hotel.« Die Polizisten nahmen mich im Wagen mit und brachten mich zu einem Haus, von dem ich glaubte, es sei so ein kleines Hotel. Es war die Polizeistation. Da übernachtete ich (nicht hinter Gittern), schrieb mehrere Liebesgedichte schlechter Qualität und unterhielt damit die Beamten. Ich merkte, daß sie viele Akten gesammelt hatten und fragte, ob es so viele Verbrecher in diesem Ort gäbe. Nein, das waren die Einwohnerlisten. Und so verbrachte ich meine erste überglückliche Nacht nach der Verlobung mit meiner Rosemarie auf einem Polizeirevier.

Rosemarie, meine Rosemarie

Ohne Dich, meine liebende Frau,
würde mir mehr als nur meine
Rippe fehlen.

Niemand soll mit einem Fragezeichen heiraten. Wer
wirklich liebt, weiß, daß alle Fragen, geschweige denn
Fragezeichen verschwinden, und so war es und so ist
es mit meiner Rosemarie bis zum heutigen Tag, nach
über 30 Jahren in einer sehr glücklichen Ehe. Nur eine
Frage habe ich eigentlich: Warum liebt sie mich? Liebe
ist eine Geschmacksache und in diesem Sinne hat sie
vielleicht nicht so guten Geschmack. Oder wie man
sagt: »Liebe macht blind.«

Was unsere Ehe unter anderem so glücklich macht,
ist, daß wir einander so total ergänzen, und so sind
Mann und Frau eins. Ich habe bis heute nur eine
Grundangst, daß Rosemarie vor mir sterben wird,
denn ich brauche sie mehr als alles sonst auf dieser
Erde. Nicht, daß sie vollkommen ist. Sie ist meine
beste und stärkste Kritikerin. Ja, ich kann mich gut an
einen Gottesdienst erinnern; es ist noch nicht so lange
her. Ich kam nach Hause und fragte wie immer: »Wie
fandest du es, Rosemarie?« Sie antwortete: »Unmöglich.« Ich fragte nach der Predigt. »Okay«, sagte sie,
nach der Schriftlesung, nach den Gebeten, nach den
Liedern. Alles war in Ordnung, und das war selten so
bei dieser meiner härtesten Kritikerin. »Was war dann
unmöglich?« fragte ich. »Warum, David, mußt du
›Amen, Amen‹ am Ende dieses Psalmgebets sagen?
Einmal ist genug. Die Leute werden dich für ein

bißchen merkwürdig halten.« Aber diesesmal, ausnahmsweise, habe ich Recht behalten. (Bitte, versuchen Sie nicht Recht zu behalten in der Ehe, sondern eher um Verzeihung für das eigene Unrecht zu bitten.) Aber da, am Ende von Psalm 72 stand tatsächlich »Amen, Amen«, und ich erklärte ihr in pfarrerlicher Weise genau, warum.

Die Hochzeit

Als Dichter habe ich immer behauptet, daß große Ereignisse im Leben nicht das wichtigste sind, sondern was vorher und was nachher geschieht. So war es bei meiner, unserer Trauung, und so war es bei meiner Taufe. Solche Ereignisse legen einen offiziellen Stempel auf Tatsachen, auf innere Tatsachen. Aber es sind Tatsachen, die viel mehr zählen als die Ereignisse selbst. Diese Vorstellung, zum Beispiel, daß Erwachsene mit dem Heiligen Geist getauft werden, ist nicht nur merkwürdig, sogar in meinem Fall komisch, sondern legt das Gewicht auf Dinge, auf denen es nicht liegen soll. Es geht letzten Endes um Glaube und Nachfolge, oder nicht?

Seit drei Monaten in Europa, schrieb ich nun meinen Eltern zum ersten Mal. Aber ich schrieb nicht nur meinen Eltern, sondern auch Doris und Lee, Lois und meiner Patentante, Nicki, Irvings Frau. Damals funktionierte die Post. Vier Tage dauerte es immer – heute kann es zwischen fünf Tagen und zwei Wochen dauern. Ich schrieb einen Tag früher an meine Eltern, damit sie diese Nachricht zuerst bekommen sollten. Dann, einen Tag später, schrieb ich an die anderen. Wir sollten am 14. September, an meinem 24. Geburtstag, getraut werden. Aber was ist passiert? Ich vergaß, trotz aller Überlegungen, daß es gerade zu dieser Zeit einen amerikanischen Feiertag gab, und an Feiertagen wird die Post nicht ausgetragen.

Und so bekamen alle, meine Eltern, meine Geschwister und verhängnisvollerweise meine Tante Nicki diese Nachricht am gleichen Tag. Und diese Tatsache wurde mir jahrelang nicht vergeben. Ja, meine liebe, aber etwas flatterhafte Tante Nicki bekam die Nachricht zuerst. Sie rief natürlich sofort meine Mutter an, mit der Aussage: »Herzlichen Glückwunsch!

Wunderbare Nachricht von David.« Meine Mutter versuchte cool zu bleiben, herauszukriegen, was eigentlich los war. Und so zutiefst innerlich erregt und zerknirscht, flogen meine Eltern nach München, trotz ihres Gelübdes, niemals nach Deutschland zu kommen, um mindestens an der kirchlichen Trauung teilzunehmen. Sie wußten durch den Brief, daß wir standesamtlich verheiratet waren.

Meine Eltern haben mich als gute Juden so erzogen, daß ich versuchen soll, mich in die Lage des anderen hineinzuversetzen, auch um die eigenen Fehler besser zu verstehen. Ich hoffe, daß so eine Einstellung auch hier unter Christen sich etwas mehr durchsetzen und auch praktiziert wird. Ich habe gewußt, wie schwierig das alles für meine Eltern sein wird. Ich war mitfühlend, aber noch viel tiefer habe ich gewußt, Rosemarie ist die Frau für mich, und eine Ehe betrifft heute eher nur zwei Menschen und nicht wie früher zwei Familien.

Am nächsten Tag sagte mein Vater zu mir: »Wir, du, Mutter und ich gehen zum Konzentrationslager Dachau.« Wir gingen. Er sagte: »Schau mal David, du bist Historiker. Niemals in der Geschichte der Welt gab es so ein Unrecht gegen ein Volk wie das, was Hitler und die Deutschen uns angetan haben, und du willst eine Deutsche heiraten.« Und ich kann mich sehr gut erinnern, wie ich geantwortet habe, und diese Antwort war auch wegweisend für meine Zukunft als lutherischer Pfarrer. »Ja, Vater, du hast recht. Aber noch wichtiger und noch tiefer, wird hier das Böse entblößt, welches in allen Menschen und in allen Völkern steckt. So etwas kann sich wiederholen.«

Die Hochzeit selbst war merkwürdig, in einer Kirche, welche ursprünglich keine Kirche war, sondern eine Turnhalle und welche heute auch keine Kirche mehr ist. Um die Genehmigung für eine christliche Trauung zwischen einem Juden und einer Christin zu bekommen, mußte meine Frau sich um eine Sondererlaubnis bemühen. Eine christliche Trauung war damals in Bayern möglich, aber nicht in Württemberg, auch heute nicht. Aber dazu habe ich bei meiner zweiten Prüfung etwas zu den anwesenden Oberkirchenräten gesagt. Ja, ein überzeugter Christ sollte lieber eine überzeugte Christin heiraten. Wie viele solche Christen, vor allem Christinnen, leiden, weil sie vielleicht schöne Männer geheiratet haben, aber keine überzeugten Christen. Aber wo es ein Gesetz gibt, gibt es eine Ausnahme. Ich mußte mich verpflichten, daß unsere zukünftigen Kinder, wenn es solche geben werde, getauft werden. Ich mußte mich verpflichten, daß ich meine Frau in ihrem kirchlichen Engagement nicht hindern werde – das habe ich wirklich bis heute sehr gut gehalten! Die Hochzeit am 14.09.1961 war an einem regenreichen Tag. Wir wollten danach eine Hochzeitsreise machen und dann nach New York fliegen, wo ich Assistent an der Universität war. Aber wohin sollten wir fahren? Rosemaries Tante Liesel kam gerade zurück von einem schönen Urlaub in Steinach. So ging ich zum Hauptbahnhof, um Karten zu besorgen. Als wir zum Hofbräuhaus kamen, sagte der Straßenbahnschaffner zu mir: »Da ist das Hofbräuhaus, hier müssen Sie aussteigen.« Ich aber habe so deutlich wie möglich »Hauptbahnhof« gesagt. Also, angekommen, wo ich, nicht der Schaffner mich haben wollte, sagte ich: »Zwei Karten nach Steinach.« Die Antwort war: »Welches Steinach in Österreich, es gibt vier Steinach.« Ich antwortete: »Wo es schön ist.« Und so fuhren wir für eine Woche nach Steinach am

Brenner, wo es sehr schön war. Nur hat Tante Liesel ihren Urlaub in Steinach in der Steiermark verbracht!

Ja, die Trauung selbst . . . Der Pfarrer, ein standhafter Mann, der tatsächlich in Dachau gesessen hat, weil er »Heil Jesus« statt »Heil Hitler« grüßte, sagte mir, der ich kein Deutsch konnte: »Wenn ich Sie anschaue, dann sagen Sie ›Ja, Gott helfe mir, Amen.‹« Das war September 1961, kurz nachdem die Mauer errichtet wurde. Er predigte leidenschaftlich, auch wenn ich kein Wort verstand. Er sprach, daß Mauern Völker nicht trennen sollten, und gerade dann schaute er Rosemarie und mich an. Ich fing an laut zu sagen: »Ja, Gott . . .«, er schaute sofort weg und ohne weiter auf meine Worte zu hören, brachte er seine Predigt zu Ende.

Übergänge

Wir lebten für ein knappes Jahr in New York und zwar in einer für New York verhältnismäßig hellen Wohnung mit einem »schönen Blick« auf die gegenüberliegende Mauer. Besser war es auf jeden Fall als in meiner früheren Wohnung, die ich in meiner Unerfahrenheit dunkelgrün hatte anmalen lassen. In der Werbung für diese Wohnung hieß es: »Mit einem schönen Blick auf den Hudson River.« Ja, wenn man am Fenster saß, den Stuhl zurücksetzte und ein Auge zuhielt, das rechte, sah man weit in der Ferne einen Fleck dieses berühmten Flusses. Aber sonst war, wie es in New York üblich ist, eine Mauer direkt gegenüber.

Meine Eltern hatten eine Strategie entworfen. Jeder sollte lieb zu Rosemarie sein, denn David war an allem schuld. Das war mir recht, denn lieb zu Rosemarie zu sein, brauchte von keinem große Anstrengung. Aber wir beide wußten, daß wir in Deutschland leben würden. Und so flogen wir am Semesterende, am 26. Mai 1962 zurück nach Deutschland und lebten in einer kleinen Wohnung fast gegenüber meiner Schwiegermutter in Ottobrunn bei München. Ich war Doktorand und darüber hinaus schrieb ich ein Gedicht nach dem anderen und diesmal von etwas besserer Qualität als die Verlobungsgedichte. Dunkle, expressionistische Gedichte in deutscher Tradition, indem ich die dunklen, vergangenen Jahre zu Papier brachte. Und so ist es bei uns Dichtern, wenn es dunkel bei uns ist, dann suchen wir Helle, Klarheit in unserer Dichtung und umgekehrt.

Eines Sonntags fuhren wir aufs Land, aber dieses

Mal sagte ich zu Rosemarie: »Wir halten hier und finden unsere zukünftige Wohnung.« Die Straße heißt Rosenheimer Landstraße, und wir hielten bei dem Aschbacherberghotel an. Am gleichen Tag fanden wir einen fleißigen Mann an der Arbeit, Wohnungen zu errichten. Er hieß wie fast alle Männer und auch Esel in dieser Gegend »Sepp«. Ich sagte: »Wir ziehen im Herbst ein« und bezahlte etwas im voraus. Und dies war der Weg zu unseren Jahren der Vorbereitung, unserer idyllischen Oberreither Zeit 1963 bis 1971.

Ja, es gab drei klare Phasen in meinem Leben: Die Jahre des kindlichen Glücks 1937 bis 1950, die »dunklen Jahre« 1950 bis 1961 und jetzt die Jahre der Vorbereitung 1961 bis 1971.

Oberreith liegt etwa 30 Kilometer von München entfernt. In diesen Jahren kamen unsere beiden Kinder zur Welt: Raphael und Andreas.

Dr. Jaffin frisch promoviert mit seiner Frau Rosemarie

Raphael

Diesen Namen haben wir nicht in Bezug auf einen Maler, der mich nicht sonderlich anspricht, gewählt, wie ein Literaturkritiker einmal bei einer Besprechung eines meiner Gedichte (»An Raphael«) meinte, sondern in Bezug auf Raphael als Erzengel und meiner Partie in Haydns »Schöpfung«, denn damals studierte ich, um auch Sänger zu werden, ein Studium, das beendet wurde, als ich mein erstes Konzert in München absagen mußte, wegen anhaltender Laryngitis. Raphael war ein bißchen blau geboren, aber zuerst ahnten wir nichts. Auf der einen Seite war er ein Spätentwickler in allem, aber auf der anderen Seite schien er besonders begabt zu sein. Ich werde niemals vergessen, wie ich nach meinem Gesangsunterricht nach Hause kam und Raphael, er war noch nicht zwei Jahre alt, Lied für Lied der »Winterreise« summen hörte, denn sprechen konnte er noch wenig. Er war sehr in sich gekehrt, schaute ständig zum Fenster hinaus. Wir hielten ihn für einen angehenden Dichter. Ein kluger Freund von uns nannte ihn immer »Wolfgang Amadée«. Ich versuchte immer, so viel Zeit wie möglich mit meinen Kindern zu verbringen. Raphael und ich fühlten uns sehr nahe und wir gingen oft spazieren miteinander. Wir sprachen eher durch Gefühle, kommunizierten mehr durch Stimmungen als durch Worte. Mit drei oder vier Jahren war es aber deutlich: Raphael war kein Genie, sondern geistig behindert. Er ging einen schweren Weg, trotz seiner ängstlichen aber auch glücklich ausstrahlenden Art, bis wir eine gute Lebensgemeinschaft für

ihn fanden, in einer »Familie« mit anderen Behinder-
ten. Er sah wie ich früher aus. Ich glaube, daß er viel
von mir in sich hat. Aber Raphael hat nicht den Verstand, um mit seiner tiefen Gefühlswelt in Einklang
zu kommen.

Andreas

Zwei Jahre später wurde Andreas geboren und zwar an Weihnachten. Ich war ein Yom Kippur-Kind, und Andreas wurde als Weihnachtskind geboren. Er hörte mich im Christvespergottesdienst singen und kam am nächsten Tag zur Welt, vielleicht um die Akustik etwas deutlicher zu hören. Zu Andreas habe ich auch eine tiefe und persönliche Beziehung entwickelt. Aber solche Beziehungen machen es für die Kinder sehr schwierig, denn Kinder müssen ihren eigenen Weg finden und gehen, und dieser Weg führt oft zu einer schmerzlichen Beziehung zu ihren Eltern. Das habe ich zur Genüge erlebt von der anderen Seite, in Beziehung zu meinen eigenen Eltern.

> Ich lebe nicht weiter
> durch meine Kinder.
> Das Leben selbst ist nur
> eine Leihgabe, auch das
> lebendige Kind in deinem Leibe.

Kinder müssen sich zuerst von ihren Eltern emanzipieren, aber mit der Zeit müssen Eltern ihren Kindern gegenüber das Gleiche tun. Andreas und ich waren jahrelang sehr gute Freunde. Wir gingen zusammen in Naturfilme und Komödien. Wir gingen spazieren zusammen. Ich versuchte so gut ich nur konnte, meine Art zu denken und wahrzunehmen ihm beizubringen. Er schrieb sogar Gedichte als Teenager, manchmal gute Gedichte im Stil von Trakl. Er war sehr engagiert in unserer Gemeinde. Aber dann fing sein

Weg zu sich selbst, zu seiner eigenen Person an, um nicht mein Andreas, sondern sein Andreas zu werden. Und dieser Weg führte zuerst in eine ganz andere Richtung als meine. Im Dezember 1990 verließ er unser Pfarrhaus, und ich schrieb damals folgendes:

> Er ging weg.
> Ich kann mich genau an den Tag
> erinnern. Es fing leicht
> zu schneien an,
> als ob es meine Traurigkeit
> überdecken sollte. Er ging
> weg, sein eigenes Leben
> zu beginnen, und ich,
> sein Vater, schaute
> nach, Herr, Du hast mich
> genau so gesehen, wie
> den verlorenen Sohn. So
> wartest Du wie auch Ich
> auf meinen Sohn warte.
> Ich kehrte aber mit Freuden
> zurück.

Zuerst müssen Kinder ihren eigenen Weg gehen, dann müssen auch die Eltern in ihrer Beziehung zu ihren Kindern eine gewisse Distanz finden, und das ist auch schwer. Aber oft ist mir gesagt worden, daß mit der Zeit, wenn das Kind verheiratet ist, eine neue Beziehung anfangen kann, vielleicht ohne die Tiefe der früheren, aber auch ohne die Spannung der darauffolgenden.

Mein Weg zurück zum Vater

Mich hat zuerst eine Predigt in New York beeindruckt. Dieser tapfere, echt lutherische Geistliche griff den Hauptgötzen der damaligen Zeit sehr direkt an, nämlich Sigmund Freud und seine psychologische Schule. Solche tapferen Pfarrer sollten wir auch unter uns haben! Er entblößte diesen Götzen und seinen Heils- und Heilungsanspruch. Freud hat es selbst vielleicht gar nicht so gut gemacht in seinen ehrlichen Nachbesuchen seiner Patienten, bevor er Österreich verlassen mußte. Viele waren jetzt in Nervenanstalten. Rosemarie hat niemals versucht, mich zu bekehren, denn das würde sicherlich unsere Ehe zugrunde gerichtet haben. Sie wußte, daß Israel immer noch Gottes auserwähltes Volk ist – sie hatte einen guten Pfarrer gehabt. Aber im Sinne von Römer 11 reizte sie mich. Ich merkte, daß sie in ihrer innigen, stillen Art etwas hatte, nämlich Frieden mit Gott. Und ich wollte das haben, deshalb ging ich gelegentlich in den Gottesdienst mit ihr. Der Pfarrer, der mich später getauft hat, Willi Wendler, war schriftgemäß, intelligent und voller Substanz in seinen Aussagen. Ich suchte Antworten auf zentrale Fragen im Leben, Fragen, welche keine Wissenschaft mir beantworten konnte, über das Leben selbst, die Grundlage des Lebens, die Liebe, den Sinn von Leiden und Tod und auch den Sinn des Leidens meines Volkes – Ich war der einzige Jude weit und breit in einer Umgebung, die später über 30 % Republikaner wählte. Und Willi lud mich ein, Abende zu halten über Juden, Judentum und über deutsche Juden und deren Beitrag zu deutscher Kultur und

Wissenschaft. Mehr und mehr näherte ich mich dem Leidenskönig, dem König der Juden, Jesus Christus. Ich fing an, das Neue Testament zu lesen. Ich ging in die Bibelstunde. Damals sangen wir aus meiner Entscheidung auch im katholischen Kirchenchor, denn sie sangen Haydn-Messen. Ich sollte ein Solo bei der Beerdigung eines Geistlichen singen. Es wurde leidenschaftlich gepredigt, daß Priesternachwuchs fehle. Und ich hörte diese Worte in Beziehung zu mir selbst, bewegte sie tief in meinem Herzen. Und dann eines Abends, es war im Sommer 1970, als wir uns mit meinen Eltern in Italien trafen, läutete das Telefon um 12 Uhr nachts. Es war meine Tante Nicki. Ich spürte Trauer und Verzweiflung in ihrer Stimme. Sie wollte mit ihrem Bruder, meinem Vater, sprechen. Ihr Sohn, mein Freund Moss Andrew, hatte Selbstmord begangen unter dem Einfluß von Drogen. Als ich das hörte, faßte ich den Entschluß, Pfarrer zu werden. Ich ging daraufhin zu Willi und sagte ihm: »Ich will Jesus dienen, ich will Pfarrer werden«. Willi antwortete: »Niemals hatten wir einen ungetauften Pfarrer gehabt.« Ja, ich hatte mich nicht taufen lassen wegen meiner Eltern. Ich hatte ihnen genügend Leiden zugefügt und wollte ihnen dies ersparen. Ich war Christ in meinem Herzen, auch in der Gemeinde, aber trotzdem hatte ich solche Sehnsucht, Abendmahl zu feiern mit meinem Herrn und Erlöser in der Gemeinschaft der Erlösten. Für alle, die glauben, daß die Taufe in sich das Besondere ist, muß ich folgendes feststellen: Ich habe den Heiligen Geist empfangen, als ich Buße tat, Jesus als meinen Herrn und Heiland annahm. Ich war dann wirklich neugeboren. Die Taufe war merkwürdig. Ich wurde getauft in einer Kapelle, die der Schokoladen-Familie Stollwerck gehörte – die Frau

Stollwercks war Judenchristin. Diese Kapelle lag mitten im Wald. Willi war total aufgeregt und ich auch. Ich wartete und wartete und dann, das werde ich niemals vergessen, sagte ich: »Was soll ich tun, Willi?« – Ja, der Herr tut, nicht wir. Am nächsten Tag ging ich nach Tübingen, um ein großzügiges Stipendium anzunehmen, welches mir die Württembergische Kirche angeboten hat.

Herr, warum ich?
Ich höre jetzt
den einsamen Gesang
des Wintervogels.
Andere haben Flügel.
Sie fliegen
zur Wärme und Sonne.
Einsam und allein
bin ich, singe ich
in mir selbst.
Herr, warum ich?
Daß du mich gerufen hast,
daß du mir die Kraft
zu folgen gibst.
Ja, die Berge weichen
vor deinem Wort,
und die Einsamen finden
neue Hoffnung in dir.
Herr, ich danke dir dafür.

Das Abschiedsfest

Im Lauf unserer Ottobrunner und Oberreither Jahre haben wir eine Reihe von Freunden kennengelernt, fast alles nichtkirchliche Intellektuelle und Künstler verschiedener Richtungen. Jedes Jahr machten wir ein Gartenfest, zu dem alle unsere Freunde eingeladen waren und im Sommer 1971 war es nicht anders. Unsere Freunde kannten sich untereinander nicht, trafen sich nur zu diesem jährlichen Fest. Hermann Mosbauer brachte immer schöne Forellen und wir aßen und sprachen bis tief in die Nacht. Und in dieser Nacht erzählten wir unseren fast durchweg nicht-gläubigen Freunden – die Mosbauers waren die Ausnahme –, daß ich ein Stipendium nach Tübingen bekommen habe, um Theologie zu studieren. Und so sagte einer: »Theologie studieren, das ist nicht schlecht, aber Pfarrer werden, willst du das wirklich, David?«

Ja, ich ging nicht, um Theologie zu studieren, sondern um Jesus Christus zu dienen, und wir gingen unseren Weg, meine tapfere Frau und ich, um dieses Ziel zu erreichen.

Der Umzug

Nochmal ein Umzug, und zwar mit drei- oder vier-
tausend Büchern. Der Umzug über den Ozean nach
Ottobrunn war noch lustiger gewesen. Wir hatten alle
Bücher zuerst zu Onkel Heinz und Tante Liesel ge-
schickt. Die lebten auf dem Land. Plötzlich kamen
Dutzende großer Sendungen mit Büchern. Das kleine
Postamt dort war voll bis unters Dach. Die Postbeam-
ten waren neugierig, was das alles bedeuten sollte,
denn Onkel Heinz war ein Arbeiter, der nicht sonderlich viel las. Sie machten ein Paket auf, mit einem
großen Bild von Hitler, und dachten: »Was, Heinz war
doch immer ein SPD-Mann?« Das zweite Buch brachte den richtigen Ausgleich, das »Kommunistische Ma-
nifest«. 1971 zogen wir nach Belsen, nicht weit von
Tübingen. Diese Adresse hatte eine merkwürdige
Auswirkung auf unsere amerikanischen Freunde und
Verwandten. Sie dachten natürlich an das Konzentrationslager Bergen-Belsen. Der Besitzer unserer Wohnung war ein eingefleischter Marxist. Er war dafür
bekannt, daß seine Mieter es im Schnitt nur drei Monate bei ihm aushielten. Als wir eingezogen waren,
meldeten wir unsere Kinder bei Herrn Lang, einem
Pietisten und Leiter der Schule, an. Er begrüßte uns
mit der Frage: »Wann ziehen Sie da wieder aus?«
Sechs Monate später kam er mit Traktor und CVJM-
Leuten, um diesen Auszug nach Bästenhardt zu er-
möglichen.

Meine Studienzeit

Ich war über die Grenze der wissenschaftlichen Er-
kenntnis der Geschichtsforschung, in bezug auf das
frühe 17. Jahrhundert der englischen Geschichte promoviert worden. Und jetzt mußte ich sogenannte
»wissenschaftliche Methoden« lernen, um Gottes
Wort zu hinterfragen. Das machte mich mehr als stut-
zig. Meine Professoren, und es gab eine Reihe von
guten und gläubigen unter ihnen, bekamen meine
Zweifel an solchen Methoden schnell zu spüren. So
erzählte einer der Besten unter ihnen, daß ein be-
stimmter Text nicht von Paulus stammen könnte, weil
dieser Text von Wortschatz und Satzstruktur her gesehen unpaulinisch sei. Ich hob meine Hand. Er sagte:
»Herr Dr. Jaffin, was haben Sie dazu zu sagen?« Ich
sagte: »Herr Professor, nach Ihren Aussagen könnten
die besten meiner Gedichte nicht von Jaffin kommen,
denn in meinen Gedichten kommen Wörter vor, welche ich sonst nie benutze und ebenfalls veränderte
Satzstrukturen. Und ich bin nur ein Dichter und Paulus war vom Heiligen Geist inspiriert.« Der gute Professor sagte dazu: »Wenn das stimmt, was Sie sagen,
dann können wir keine wissenschaftliche Theologie
treiben.« – »Jawohl, Herr Professor!«, habe ich geantwortet.

Als erfahrener Historiker war mir sehr schnell klar,
daß wir viel zu wenig Quellen besitzen, um überhaupt mit dem Neuen Testament wissenschaftlich
umzugehen, als ob man überhaupt wissenschaftlich
Gottes Wort hinterfragen dürfte. Es war mir ziemlich

bald klar, daß diese Geschichte der modernen Theologie seit Ende des 18. Jahrhunderts so viele Möglichkeiten geboten hat, um zu sagen: Das ist von Jesus und das nicht; das ist nicht von Paulus und das von Paulus. Was in Wirklichkeit hier vorging, war, meine ich, eine sehr unwissenschaftliche Art, eine vorgeprägte Meinung zu haben über Jesus und Paulus und ihre Botschaft, und dann galt diese vorgeprägte Meinung als Maßstab für das Jesuanische oder Paulinische. Solche »Wissenschaft« interessiert mich überhaupt nicht. Ich wollte einfach Jesus dienen, aber dazu brauchte ich dieses Studium und in Tübingen wurde diese sogenannte historisch-kritische Methode eher in milder Weise angewendet.

Ich hörte, wie der sehr liberale Schalom Ben Chorin uns versammelten »Wissenschaftlern« erklärte, daß Hesekiel 37 mit der Rückkehr des jüdischen Volkes nach Israel, über schreckliches Leiden, sicherlich mit Auschwitz zu tun hat. Mir war das selbstverständlich, aber nicht für manche lutherischen Theologen, die immer noch die Kirche an Stelle von Israel setzen und diesen Text nur in Beziehung zu Israels Rückkehr aus Babel verstanden haben. Diese antisemitische Auslegung Luthers ist immer noch nicht überwunden. Meine Frau und ich amüsierten uns über eine Antrittsvorlesung eines Professors, der sich bemühte zu zeigen, daß Jesus tatsächlich leiblich auferstanden war. Tapfer war dieser Professor, aber seine ganze »Wissenschaft« zeigte, wie arm diese Theologie ist, welche nochmals beweisen muß, was so deutlich in der Bibel steht. Die sogenannte historisch-kritische Methode hat viele gläubige angehende Theologen ihres Glaubens beraubt, vor allem weil Wissenschaftsgläubigkeit so tief verankert ist in der deutschen Erziehung. Ich glaube

etwas einfacher an das, was die Bibel als Ganzes aus-
sagt. Ich mache nicht die sich widersprechenden
Moden dieser sogenannten wissenschaftlichen Methoden mit. Ich glaube an Jesus Christus und an sein
Wort. Entschuldigen Sie bitte diese für manche so
naiven Feststellungen, aber sie kommen von jeman-
dem, der weder naiv noch in wissenschaftlicher Methode ganz ungebildet ist.

Das einzige und wirkliche Problem meiner Stu-
dienzeit war Griechisch. Auf englisch sagt man mit
einem Zitat aus Shakespeares »Julius Caesar«, »It
was Greek to me« (was dem deutschen »Es kam mir
spanisch vor« entspricht). Außerdem lernen Hebräer
dieses Fach besonders schwer. Einstein, glaube ich,
hat es auch nicht geschafft, und ich bin kein Einstein.
Das Neue Testament ist in griechisch, wenn auch
einem schlechten, überliefert, deswegen muß jeder
Pfarrer sich mit dieser Sprache vertraut machen. Ich
war, gelinde gesagt, kein schlechter Student. Ich gewann zweimal die höchste Auszeichnung meiner
Universität, den »Founder's Day Award«. Aber diese Sprache konnte ich nicht lernen. Ein Jahr lang
arbei-tete ich sechs Stunden am Tag daran, aber we-
nige dieser merkwürdigen Wörter und Konstruktio-
nen schimmerten lange in meinem jüdischen Gehirn.
Und dann kam die schriftliche Prüfung. Ich kam
sehr optimistisch nach Hause, bis ich als Ergebnis
eine 4,5 erhielt. Ich hatte schreckliche Angst vor der
mündlichen Prüfung. Angst kann gut helfen bei einer Prüfung, wenn man viel weiß wie bei meinem
Rigorosum in Geschichte, aber wenn man unsicher
ist, dann blockiert uns diese Angst. Bis dahin hatte
ich kaum Bittgebete für mich selbst gebetet. Ja, für
andere wohl. Ich betete ständig: »Herr, dies ist meine

Lage, dein Wille geschehe an mir.« Sicherlich ist so eine Betonung etwas tiefer als dieser Versuch, meinen Willen durch Gott durchzusetzen. Weiß ich denn wirklich, was gut für mich ist, ich sündiger Mensch, oder weiß es der Herr nicht viel besser? Aber wir haben das Recht, Bittgebete für uns zu beten, denn der Herr weiß sowieso alles im voraus, aber er will diese vertrauensvolle Basis zwischen uns haben. Ich ging zu meiner Griechischprüfung wie zum letzten Gericht. Alle zehn Minuten kam ein anderer an die Reihe. Die Frau vor dem Mann vor mir kam mit Tränen in den Augen heraus, nicht Tränen der Freude, und sie war in Griechisch besser als ich. Verzweifelt ging ich um die Ecke und betete für mich: »Herr, ich kann diese Prüfung nicht bestehen. Du hast mich als deinen Knecht berufen. Nur du kannst mir helfen, wenn du wirklich willst.« Der Mann vor mir kam sehr glücklich heraus. Er war einer der besten in unserer Klasse. Ich war voller Angst, bis ich zur Tür kam. Der Prüfer saß mit anderen Griechischlehrern am Tisch. Er rief: »Herr Dr. Jaffin!« Mein Griechischlehrer hat mir ein Gutachten über meine Deutschkenntnisse geschrieben, in dem er feststellte, daß meine Fähigkeit, mich in dieser Sprache auszudrücken, wie er sagte, besser sei als die der meisten meiner deutschen Kollegen. Deutsch aber ohne Endungen. Als ich durch die Türe ging, und die Türe ist eine Grundwahrheit und ein Grundsymbol durch die ganze Bibel, zu Noahs Arche, zum Tempel, bei den zehn Jungfrauen zum Beispiel, und diese Tür wird für immer meine Tür bleiben, denn als ich hineinging, ist meine Angst von mir genommen worden wie ein Kleid. Ich ging ohne gefragt zu werden zum geöffneten Text und sagte:

»Das ist ein Irrealis.« Klarheit war in mir, Antworten waren in mir. Der Herr kam ans Ziel mit mir – Gott sei Dank!

Als Vikar in Tübingen 1974/75

Mit 37 Jahren fing ich an, ein Diener Christi zu werden. Aber sehr dankbar bin ich für die Jahre davor, denn sie alle waren in der einen oder anderen Weise Jahre der inneren und äußeren Vorbereitung auf meinen Dienst.

Der Pfarrer, unter dem ich arbeitete, war ein guter Pietist, allerdings nicht in kirchenpolitischen Sachen. Er erlebte, wie er mir sagte, ein Wunder als Kind. Mit acht Jahren platzte sein Blinddarm – damals gab es noch kein Penicillin. Seine frommen Eltern beteten und beteten und er sagte: »Warum betet ihr? Euer Gott hilft mir nicht.« So geht man mit dem Herrn nicht um, aber diese herausfordernden Worte dieses Achtjährigen waren seine Rettung. Die Ärzte hatten ihn aufgegeben, aber er fiel in einen tiefen Schlaf, und als er aufwachte, ging er total gesund nach Hause und wurde später dann Diener des Herrn.

Meine Erinnerungen an diese Zeit: 1. Dieser gute Mentor fragte mich, was er tun könne, um mir beim Schulunterricht zu helfen. Ich antwortete offen und ehrlich: »Gehen Sie nach Hause, denn ich will nur an die Schüler beim Unterricht denken und nicht an Ihr Urteil.« 2. Beim Treffen meines Bibelkreises kam die Feuerwehr zu einer Übung, und im Handumdrehen waren wir alle total naß, da die Fenster noch gekippt waren – fließendes Wasser, erzählte ich dann diesem Kreis, ist das Zeichen für Reinheit in der Bibel. 3. Zu meinen Predigten kamen mindestens so viele Menschen wie wenn die anderen Pfarrer predigten, und als Vikar waren mir solche Tage wie der zweite Weihnachtstag, der zweite Ostertag, der zweite Pfingsttag vorbehalten. 4. Beide Pfarrer, der andere war Modernist, wollten eine gruppendynamische Freizeit mit dem Kirchengemeinderat halten. Ich, der etwas Psychologie studiert hatte und solchen Sachen sehr reserviert gegenüberstand, überzeugte den Kirchengemeinderat, gegen beide Pfarrer, das Programm zu ändern.

In der Gemeinde in der Südstadt lebten mehrere meiner Professoren, auch der gute, alte Professor Lang, der selbst zitternd mich im Neuen Testament geprüft hat – er nahm seine Arbeit sehr ernst. Bei einer meiner Predigten sagte die Frau eines angehenden Professors: »Dieser Jaffin wird die Pietisten aufwecken.« Vielleicht und hoffentlich hat sie recht gehabt!

Magstadt 1975/78

Sie standen alle um den Brunnen herum, mitten im Ort. Niemand hat genau gewußt, was sie von dieser Predigt halten sollten, ein Judenchrist und so eine Predigt. Er rollte den ganzen heilsgeschichtlichen Weg Gottes auf, aber eigentlich verständlich, sicherlich nicht zu lang, aber mit Akzenten, vor allem aus dem Alten Testament, welche sie nie im Leben gehört hatten. Nach einem langen Hin und Her ergriff eine alte, weise Frau, Mitglied der Altpietisten, das Wort. Sie würde, wenn überhaupt jemand, wissen, ob das richtig war, was dieser neue Pfarrer so laut verkündigt hat. Und diese alte Frau, die Weise, sagte sehr still und sehr einfach: »Heute habt ihr das Evangelium gehört.« Und so gingen sie langsam alle nach Hause. Das war meine erste Predigt in Magstadt, und sie waren die etwas verdutzten Zuhörer.

Der Weg nach Magstadt war nicht so einfach. Der erste Pfarrer, bei dem ich mich vorstellte (er war in den mittleren Jahren, ein bißchen gütig, nicht sonderlich selbstbewußt und selbstsicher), war, nachdem er sich lange mit mir unterhalten hatte, bestürzt, daß ich als sein zweiter Pfarrer zu ihm kommen könnte. Ich redete wie immer deutlich, manche würden sagen »heftig«, oder wie ich das ausdrücke, ich sprach deutsch – aber natürlich ohne die richtigen Endungen. Der Pfarrer in Magstadt reagierte genauso, aber sein Laienvorsitzender, der Sohn dieser alten, weisen Frau der Altpietisten, wollte mich haben, auch die meisten der Kirchengemeinderäte. So kam ich.

Von Anfang an gab es Probleme mit diesem modernen Pfarrer. Ich kann mich sehr gut erinnern, daß wir uns nach jeden Sommerferien fragten, meine Frau, Andreas und ich, was kommt jetzt. Und dann kam es. Er verlangte, daß ich weggehen sollte, denn er war zuerst in Magstadt. Aber ich weigerte mich, dies zu tun. Der Kirchenbesuch stieg deutlich, seit ich in Magstadt predigte, und ich engagierte mich ganz und gar für diese Gemeinde, gründete alle möglichen Kreise und machte viele Besuche. Eine Kirchenge- meinderätin berichtete, als ich sie im Krankenhaus besuchte, als Verdacht auf Krebs bestand und sie in tiefer Angst lebte: »Aber dann kam Pfarrer Jaffin und sagte: ›Denken Sie jetzt an alle Ihre Ängste . . .‹, und ich dachte an meine Angst, daß ich leiden und sterben würde, daß meine Kinder, die noch nicht alt genug sind, um allein auszukommen, es sehr schwierig ha- ben würden. Ich dachte an meine Ängste und war in Schweiß gebadet. Und dann sagte Pfarrer Jaffin: ›Den- ken Sie jetzt an Jesus Christus, Ihren Herrn und Erlö- ser, an alle Ängste, welche er erlebte im Garten Gethsemane, auf dem Weg zum Kreuz und dann am Kreuz selbst‹, und dann sagte Pfarrer Jaffin: ›Und jetzt geben Sie ihm alle diese, Ihre Ängste.‹ Und plötzlich war es so strahlend klar in mir selbst, daß Pfarrer Jaffin sagte, er spürte das auch: alle meine Ängste waren weg, der Herr hat sie genommen.« Oh, so ein tiefes Erlebnis war das auch für mich. Der andere Pfarrer ging, weg vom Pfarramt überhaupt, aber ich blieb, allein mit einer großen Gemeinde und schufte- te, wie ich es nie vorher oder nachher getan habe.

Wastl

Viele Jahre später erschien dieses Bild in der Leonberger Kreiszeitung. Da saß Wastl, unser Alpha-Dackel, unser Superdackel, stolz auf meinem Schoß und blickte fast königlich geradeaus. Darüber stand folgende Überschrift: »Wastl denkt, Jaffin schreibt«. Diese Überschrift bezog sich auf sein Meisterwerk, seine Lebenserinnerungen (viel wichtiger als die meinen) und auf sein seelsorgerliches Hauptwerk, »Wastls Tips für Taps« – Taps war ein wuscheliger tibetanischer Schneehund, der gegenüber von uns eingezogen war. Was soll so ein Hund aus fernen Landen zum Beispiel mit schwäbischen Maultaschen oder Spätzle anfangen. Er ging zum Pfarrdackel Wastl, um Auskunft zu bekommen.

Andreas war elf, als er in einem Hundebuch las, daß, wenn ein Hund besonders lebhaft ist, dann ist er bestimmt sehr gesund und würde lange leben. Wir wollten alle einen Hund kaufen oder genauer gesagt, einen Dackel. Und so gingen wir zum Zwinger, um einen nach Andreas' Weisheit auszusuchen. Und was ist passiert? Ein kleiner Fleck schob plötzlich all die anderen Dackel zur Seite, er sprang darüber, ging direkt zu Andreas und sagte: »Hier bin ich, nimm mich mit nach Hause zu euch.«

Wastl hat so viel angestiftet in seinen ersten Jahren, daß wir ständig mit Überraschungen versorgt wurden. Deswegen schrieb ich das alles auf, leider ist jedes Wort wahr, in meinem »Wastl, die Geschichte eines Pfarrdackels«.

Seine schöpferische Tätigkeit erstreckte sich über

sechzehneinhalb Jahre. Er lebte so lange, weil er nur überzeugte Christen gebissen hat, denn Christen vergeben, nicht wahr? Man sagt, je tiefer Wastl biß, desto tiefer war der Glaube. Mich hat er mehrmals gebissen, einmal sogar am Heiligen Abend. Die Kerzen waren alle an und schimmerten diese lichtvolle, friedliche Zeit. Wir hörten unsere Weihnachtsmusik, Heinrich Schütz, »Die Geschichte der Geburt Jesu Christi«, so einfach, wortbezogen, inniglich, daß ich Menschen kenne, welche zum Glauben durch Schütz gekommen sind. Und Wastl, er saß auf dem Sofa und schaute tief und andächtig die Würstel an, welche für ihn an den Baum gehängt waren. Ich stand auf, und er biß mich plötzlich so tief in mein Bein, daß ich drei Tetanusspritzen bekommen mußte und diese Weihnachten auf die Kanzel humpelte. Keiner, aber auch keiner fragte warum. Jeder hat gewußt – nochmal Wastl.

Die Suche nach einer neuen Gemeinde

Ich gab mein Bestes in Magstadt, das muß ein Diener Jesu Christi immer tun, denn er gab alles für uns, Leib, Geist und Seele. Aber da saß ich, betitelt Pfarrer Dr. Jaffin, allein auf einer Vikarstelle, mit der Aufgabe, eine Gemeinde von wesentlich mehr als 4.000 evangelischen Seelen zu betreuen. Ich konnte nicht länger bleiben, auch wenn ich unvernünftigerweise bleiben wollte. Und so begann die Suche nach einer neuen Gemeinde, meiner einzigen Gemeinde, welche ich immer lieben werde. Wie bei der Wahl einer zukünftigen Frau, suchte ich überall, ging hin und her, hatte mehrere mögliche Pfarrstellen auf meiner Liste, bis ich eines Tages samstags morgens ziemlich früh die Stimme des Laienvorsitzenden in Malmsheim hörte: »Herr Pfarrer Jaffin, wir wollen Sie als unseren Pfarrer hier in Malmsheim.« – »Malmsheim, wo ist das?«, fragte ich, und er antwortete: »Nur sechs Kilometer entfernt von Ihnen in Magstadt.« O ja, ich fuhr immer eine andere Straße in dieser Richtung drei Kilometer an Malmsheim vorbei, und diese Stelle war so uninteressant ausgeschrieben, daß ich beim ersten Blick kein Interesse gezeigt hatte.

Unterwegs

Orientierung habe ich immer besser durch die Bibel als in einem Auto. So oft sind wir verloren gegangen auf dem Weg zu Vorträgen, daß ich immer weit vorher wegfahre. Am schlimmsten war es, als meine Frau in Frankreich war. Wastl und ich waren unterwegs nach Vöhringen und zwar das Vöhringen bei Ulm – und wie es so heißt: »In Ulm, um Ulm und um Ulm herum« – diese Wahrheit lernte ich allzu gut kennen an diesem Abend. Zwar war die Wegbeschreibung nicht von der besten, genauesten Art, und Wastl war etwas unruhiger als normalerweise. In seiner besseren, jüngeren Zeit hat er oft Sicherheitsgurte durchgefressen, wenn ihm alles langweilig vorkam. Ja, wir fuhren in Ulm, um Ulm und um Ulm herum, und das einzige Mal im Leben fanden wir diesen Ort nicht, denn ich war überzeugt, daß es ein schwäbischer Pfarrer war, der mich eingeladen hatte, nicht ein bayerischer und deswegen hielt ich mich immer innerhalb der Grenze des Schwabenlandes.

An einem anderen Abend waren wir nahe der Schweizer Grenze unterwegs, mein guter Laienvorsitzender Hans Zipperle und ich. Einen besseren Laienvorsitzenden könnte man sich kaum vorstellen, tiefgläubig, sehr intelligent, ein Seelsorger von einem Mensch, aber etwas verhängnisvoll für ihn und mich an diesem Abend: seinem Pfarrer immer treu, auch wenn wir beide, glaube ich, viel voneinander gelernt haben, vor allem ich von ihm. Aber an diesem Abend fuhr er und ich sollte ihm den Weg zeigen – das war verhängnisvoll für uns beide. Der Vortrag sollte um 19.30 Uhr anfangen, und um 19.20 Uhr hatte ich ihn gerade den falschen Weg fahren lassen. Er fuhr mit vollem Einsatz zurück, und wir kamen erst um 19.45 Uhr an, total außer Atem. Die Kirche war fast leer. Wir beide schauten einander an, völlig resigniert nach einer so langen und so typischen Jaffin-Fahrt: Ja, die Gemeinde ist nach Hause gegangen. Aber plötzlich erschien der Pfarrer, der mich eingeladen hatte, und andere kamen schnell hinzu. O ja, ich hatte mich an diesem Abend ein zweites Mal geirrt– der Vortrag war eigentlich für 20 Uhr angesetzt . . .

Malmsheim 1978 bis 1994

In meiner ersten Woche im Amt hier in Malmsheim bekam ich einen Brief vom Oberkirchenrat, meinem Arbeitgeber: »Herr Pfarrer Dr. Jaffin, Ihr Gehalt wird jetzt um DM 200.– gekürzt (»Was habe ich getan?« dachte ich sofort), weil die Seelenzahl Malmsheims unter 2.500 gesunken ist.« So, was tat ich? Ich kämpfte mit der Bibel, praktische Theologie nennt man das. Bei jedem Trau- und Taufgespräch fragte ich: »Was ist das erste und grundlegende von allen 613 Geboten und Verboten in der Bibel?« Niemand wußte es, aber ich sagte, gestärkt durch diesen oberkirchenratlichen Brief: »Mehret euch, das ist, was der Herr von euch haben will, mehret euch.« Und ja, anscheinend ging meine Gemeinde fröhlich an die Arbeit, denn um ein Jahrzehnt später bekam ich vom Oberkirchenrat einen Brief: »Herr Pfarrer Dr. Jaffin, Ihr Gehalt wird um DM 300.– erhöht (Inflation kam dazu), denn Malmsheim hat jetzt über 2.500 evangelische Seelen.

Aber diese Gemeinde wuchs nicht nur fleischlich, sondern auch geistlich. Wir erlebten eine Erweckung hier. Erweckungen, wie mir ein Kollege einmal sagte, umfassen drei Aspekte: Die Jugend wird zuerst gewonnen und bringt ihren Eltern den Glauben nahe; Buße wird getan; und eine neue Beziehung zu Israel wird eröffnet. Jawohl, das waren die drei Pfeiler unserer kleinen Erweckung hier in Malmsheim. Der Kirchenbesuch wuchs innerhalb von ein paar Jahren auf das Doppelte an. Immer mehr Kreise wurden gegründet, so daß in unseren besten Jahren allein neun verschiedene Kreise für unsere nach-konfirmierte Jugend bestanden. Aber die Erweckung war zuerst einseitig, vor allem unter der Jugend. Um 1981/82 sah unser hoher Kirchbesuch fast wie ein Jugendgottesdienst aus, mit Anhängseln vor allem von den Alten. Was fehlte, waren zuerst die mittleren Jahrgänge, vor allem die Männer. Mit der Zeit aber, als viele junge Leute von Malmsheim weggingen oder älter geworden waren, und als die mittleren Jahrgänge immer mehr angesprochen wurden, auch von ihren Kindern, wuchs unser Kirchenbesuch ausgeglichener. Dazu kamen viele Auswärtige, vor allem aus den mittleren Jahrgängen. Ich habe in dieser Zeit festgestellt, daß ein Pfarrer, so gut oder schlecht, so begabt oder unbegabt er auch ist, gute Mitarbeiter braucht, und zwar an zentralen Stellen. Sehr wichtig war, daß ich in Malmsheim neben vielen anderen in unserem Laienvorsitzenden Hans Zipperle, in unserer Kirchenpflegerin Hildegard Spang, in meiner Sekretärin Heide Pfeiffer und in Magdalena Weinmann (Altenarbeit) hervorragende Mitarbeiter hatte, die engagiert und treu, von einem tiefen Glauben motiviert, Aufgaben anpackten.

Die Schattenseite

Einmal fragte ich einen bekannten Glaubensmann:
»Wie geht es in Ihrer Gemeinde?«, und ich bekam die
normale Antwort: »Es geht uns gut, aber Probleme
haben wir.« Ja, Probleme haben alle Gemeinden, auch
erweckte Gemeinden. Wachstumsstörungen gibt es
nicht nur in der Wirtschaft und Politik. In jeder Gemeinde gibt es Meckerer, auch in Malmsheim, und es
sind fast immer die gleichen Leute, die entweder im
Vordergrund oder noch schlimmer, hinter den Kulis-
sen in diesem Sinne zur Geltung kommen wollen. Ja,
Geltungsbedürfnis spielt hier eine gewisse Rolle. Meine Frau sagte einmal: »Menschen, die Probleme für
andere schaffen, auch für dich, haben meistens Probleme mit sich selbst.« Ja, wie fast immer hat mein
»besserer Teil« recht. Dazu hat, wie Samuel Keller uns
so gut gelehrt hat, jede Erweckung Schattenseiten.
Eine ist, daß es viele Mitläufer gibt, welche mit der
Zeit wegfallen – Jesus zeigt uns das so deutlich in
seinem Sämannsgleichnis und seiner Auslegung dieses grundlegenden Gleichnisses für die Gemeinde.
Malmsheim hat eigentlich zwei Darstellungen dieses
Sämanns, in der Kirche und im Gemeindehaus. Dazu
gibt es Menschen, vor allem junge Leute, die zum
Glauben kommen während einer Erweckung. Manche fangen an zu glauben, daß der Glaube selbst eine
Erweckung ist, immer mehr muß es geben, vor allem
in der Gefühlswelt. Und gerade dieses Problem ist
eine der tiefsten Wurzeln des Enthusiasmus unserer
und aller Zeiten, Menschen, die Jesu Ruf in die Nachfolge, in seine Kreuzesnachfolge nicht in den Mittel-

punkt stellen, sondern ihre Gefühle, ihre Erwartungen an den Herrn. Eine Gemeinde muß lernen, sich im Alltag zu bewähren. Die vorbildliche Philadelphia-Gemeinde erlebte keine großen Wunder. Die war klein, fein und bescheiden. Dazu erlebte ich Problemfelder von außen, welche mir schlaflose Nächte und große Nöte bereitet haben. Aber auch wir Pfarrer wachsen durch Not, und die Gemeinde hat sich immer vertieft durch Bewährung während Verfolgungszeiten. Im Rückblick sehe ich diese schweren Zeiten als fruchtbar an für mich und auch für die Gemeinde.

Gemeindesinn/Gemeindeordnung

»Wir wollen im Gespräch bleiben«,
meinte die Spinne zu der
festgefangenen Fliege in
ihrem Netze.

Ich war nie ein Freund des Klischees, ob in der Dichtung oder anderswo und sicherlich auch nicht ein
Freund von Moden, gegenwärtigen Trends jeder Art.
Man prüft die Geister, wie Paulus lehrte, und behält
das Beste. Seien wir offen und ehrlich: Unsere evangelische Kirche steht und fällt mit der Qualität des Pfar-
rers als Prediger und Seelsorger. Keine Gruppe oder
Teamarbeit kann das ersetzen. Andererseits glaube
ich, daß, wenn ein Pfarrer in alles hineinpfuscht, bei
jeder Rechnung, bei jedem Kreis, er die Gemeinde
zum Ersticken bringen wird, daß das »allgemeine
Priestertum« nie richtig entwickelt wird. Meine Art,
eine Gemeinde zu leiten, und ich benutze das Wort
»leiten« sehr bewußt, ist ein Mittelweg zwischen
Teamarbeit, wie das heute modern ist und dem all-
mächtigen und fast allwissenden Pfarrer, der alles tut
und alles sieht. Ich war immer der Meinung und lebte
auch danach, daß jeder Kreis in der Gemeinde unab-
hängig und selbständig bleiben soll, seine eigene Ini-
tiative entfalten soll, jeder nach seinen Gaben. Der
Pfarrer soll wissen, was vorgeht, er soll schauen, daß
keine Irrlehre in die Gemeinde kommt, weder zur
linken noch zur rechten Seite, aber dieser Pfarrer soll
auch seinen besonderen Bereich haben, nämlich in

Gottesdienst und Seelsorge. Als ich nach Malmsheim kam, sagte mein guter Kirchengemeinderat: »Wir wollen einen Seelsorger.« Ich bin auch diesbezüglich, vor allem am Ende der Tage, anderer Meinung als Luther. Ich bin da nur um Christi Willen, für sein Wort, für die Menschen als Prediger und Seelsorger, aber nicht um des Papiers willen. Gott sei Dank hatte ich diese richtigen Leute an den richtigen Stellen, daß meine Gaben zur Geltung kommen konnten und selbst nicht erstickt wurden in Verwaltung, Finanzen und dergleichen. Dazu aber wollte ich nicht jede Gemeinde nach meinem Sinne und meinen Gaben gestalten. Jeder Pfarrer leitet seine Gemeinde danach, was diese Gemeinde wirklich braucht und auch nach seinen eigenen Gaben. Eines ist mir aber klar, daß ständige Sitzungen von Kirchengemeinderat, Mitarbeitern usw. mehr Probleme schaffen können, als sie lösen, denn wir alle sind verlorene, sündige Menschen, und jeder von uns will zur Geltung kommen. Und das bedeutet, praktisch gesehen, daß bei Kirchengemeinderatssitzungen öfters großer Streit um sehr wenig Inhalt ausbricht.

Der Pfarrer als Seelsorger

Hans Zipperle sagte mir einmal: »Herr Pfarrer, Ihre Predigten sind zutiefst seelsorgerlich, gerade in ihrer heilsgeschichtlichen Schau.« Wie kann Heilsgeschichte seelsorgerlich sein? Wir sind umhüllt von einer Wolke von Zeugen. Je mehr und je tiefer wir uns dessen bewußt werden, desto mehr und desto tiefer wissen wir, daß der Herr immer am Werk ist, denn er heißt Jahwe, der Seiende, Wirkende. Er ist A und O, unser A und O, unser Anfang und Ende und dazu unser täglicher gute Hirte, wie er immer war in biblischen Zeiten, und wie er immer bleiben wird.

Wer ständig Wunder, besondere Erlebnisse vom Herrn verlangt, hat einen sehr labilen und wackeligen Glauben. Weil ich eine gute Ehe habe, frage ich meine Frau nicht ständig: »Liebst du mich?« Ein guter Glaube fordert nicht, sondern ist bereit zu empfangen, was der Herr uns gegeben hat, nämlich alles, Leib, Seele und Geist. Sein Kreuz ist sein endgültiges und auch gegenwärtiges Zeichen seiner Liebe zu uns. Und vom Kreuz aus bekommen wir Vergebung, Schutz und Führung. Das ist Seelsorge, denn der Herr selbst ist unser wahrer Seelsorger, nicht wir, nicht unser Rat und unsere Klugheit. Seelsorger in der Schule Jesu zu sein, bedeutet nicht Menschen von mir und meinem Rat abhängig zu machen, sondern vom Herrn und seinem Wort. Deswegen sollen wir bei jedem Gespräch dieser Art, und ich begegne öfters solchen seelsorgerlichen Anliegen, uns von dem Bestreben leiten lassen, daß diese Menschen tiefer in der Gemeinde Jesu leben, mit ihren Brüdern und Schwestern unter

Jesu Wort, und sich nicht auf unser tägliches Geleit verlassen. Dazu versuche ich in diesem Sinne auch sehr praktischen Rat zu geben. Vielleicht weil ich von Natur aus dazu neige, ungeduldig zu werden, ist das eine Grenze meiner Seelsorge, aber gegen unsere eigenen Schwächen müssen wir auch als Seelsorger kämpfen, und zwar aus der Kraft unseres so geduldigen Seelsorgers, Jesus Christus.

Nachwort

Ich begegnete David Jaffin zum ersten Mal in der enthusiastischen Schilderung meiner Eltern, die ihn bei einem Vortrag erlebt hatten. Als skeptischer Mensch ließ ich mich zunächst von ihrer Begeisterung nicht anstecken und wartete auf ein erstes persönliches Zusammentreffen.

Da war ich gerade frischgebackener Verlagslektor und erlebte mit, wie David Jaffin zwischen langer Autofahrt und einem Vortrag, den er am Abend zu halten hatte, im Wohnzimmer meines Kollegen immer wieder aufspringend, auf- und abgehend, den Tisch umkreisend, impulsiv kommentierend die Motive für einen Kunstbildband auswählte. Ein temperamentvolleres Energiebündel war mir bis dahin noch nicht begegnet.

Nachdem sich meine Verblüffung etwas gelegt hatte, konnte ich mich jedoch dem Charme dieser auf den ersten Blick so bizarren Persönlichkeit nicht entziehen, die vom zu Hause auf ihn wartenden Pfarrdackel mit dem gleichen Engagement berichtete wie von der Kunst Giovanni Bellinis und Rogier van der Weydens.

Bald begann sich die berufliche Beziehung zu einer persönlichen Freundschaft zu entwickeln.

Es gibt genug Themen, die uns – bei aller Unterschiedlichkeit des Naturells – verbinden – die Literatur, insbesondere die Lyrik ist da in erster Linie zu nennen.

Zweifellos ist David Jaffin ein Dichter von Rang. Das belegen seine in den USA, in Großbritannien und in Israel an prominenter Stelle erschienenen Gedicht-

96

bände (siehe Bibliographie). Eine bis aufs äußerste verdichtete Sprache, die konzentriertes Lesen und Wiederlesen erfordert, zwingende Bilder und das Einbeziehen der Stille und des Raums geben seinen Gedichten ihren unverwechselbaren Charakter. Wer Dr. Jaffin heute in Vorträgen oder Diskussionen in voller Fahrt erlebt, kann leicht übersehen, daß er nicht nur ein überzeugender und schlagfertiger Redner mit Entertainerqualitäten ist; das ist er allerdings, Langeweile kommt keine auf, und sein Humor und seine Selbstironie öffnen Köpfe und Herzen für tiefe, existenzielle Aussagen und unbequeme Wahrheiten; aber schon seine veröffentlichten Gedichte und Gebete zeigen uns einen sehr sensiblen, einfühlsamen Menschen mit einer feinen Beobachtungsgabe; von den geräuschvolleren Eigenschaften ganz in den Hintergrund gedrängt und deshalb nur dem tiefer blickenden Betrachter als zentrales Charaktermerkmal erkennbar, ist seine Gründlichkeit im Denken.

Seine impulsive Art hat voreilige Kritiker dazu verführt, ihm Sprunghaftigkeit und Oberflächlichkeit vorzuwerfen. Ein Blick in seine Doktorarbeit genügt, um ein solches Vorurteil zu widerlegen. Die dickleibige Dissertation zeugt nicht nur vom immensen Fleiß des Historikers Jaffin, sondern beeindruckt vielmehr durch die bei allem auch hier spürbaren Engagement sehr genau differenzierende und scharfsinnige Argumentation und die gründliche Vorgehensweise.

Die Persönlichkeit David Jaffins hat viele Facetten; was die Begegnung mit ihm so anregend macht, ist ein Grundton, der alle Bereiche seiner Interessen und Begabungen motivierend durchzieht: Er ist ein »Rebell« (dieses Wort wird er nicht mögen) gegen Moden und Trends. Herrschende Meinungen provozieren

97

ihn zur Nachprüfung und zum Widerspruch. Theologischer und existenzieller Ausgangspunkt ist dabei das von Luther wiederentdeckte Fundament christlicher Grundwahrheiten: allein Christus, allein die Heilige Schrift, allein aus Gottes Gnade durch Glaube. Somit hat es seine tiefe Berechtigung, wenn Dr. Jaffin sich zur vermutlich kleinsten Konfession bekennt, die es gibt: der der »lutherisch-jüdischen Pietisten«.

Dr. Thomas Baumann

Bibliographie

1) 18th and 19th Century Historical Interpretations of the Reign of James I. of England, New York University, Doctoral Dissertation, 1966 – Geschichte.
2) Conformed to Stone, Abelard – Schumann, New York, 1968, London, 1970 – Lyrik.
3) Emptied Spaces, Abelard – Schumann, London, 1972 – Lyrik.
4) In The Glass of Winter, Abelard – Schumann, London, 1975 – Lyrik.
5) As One, Elizabeth Press, New Rochelle, NY, 1975 – Lyrik.
6) The Half of a Circle, Elizabeth Press, New Rochelle, NY, 1977 – Lyrik.
7) Space Of, Elizabeth Press, New Rochelle, NY, 1978 – Lyrik.
8) Preceptions, Elizabeth Press, New Rochelle, NY, 1979 – Lyrik.
9) INRI, Verlag der Liebenzeller Mission, Bad Liebenzell, 1980 – Predigten.
10) Die Welt und der Weltüberwinder, Verlag der Liebenzeller Mission, Bad Liebenzell, 1981 – Predigten.
11) For The Finger's Want of Sound, Shearsman International Poetry Magazine, Plymouth, England, 1982 – Lyrik.
12) The Density for Color, Shearsman International Poetry Magazine, Plymouth, England, 1982 – Lyrik.
13) Selected Poems, English/Hebrew, Massada Publishers, Givatyim, Israel, 1982 – Lyrik.
14) Der bringt viel Frucht, Verlag der Liebenzeller Mission, Bad Liebenzell, 1983 – Predigten.
15) Die Heiligkeit Gottes in Jesus Christus, Verlag der Liebenzeller Mission, Bad Liebenzell, 1984 – Biblische Vorträge
16) Jesus, mein Herr und Befreier, Verlag der Liebenzeller Mission, Bad Liebenzell, 1985 – Predigten.
17) Warum brauchen wir das Alte Testament? Verlag der Liebenzeller Mission, Bad Liebenzell, 1986 – Biblische Vorträge
18) Der auferstandene Christus als unser Seelsorger, Verlag der Liebenzeller Mission, Bad Liebenzell, 1986 – Biblische Vorträge. (Auch in Griechisch übersetzt)
19) Israel am Ende der Tage, Verlag der Liebenzeller Mission, Bad Liebenzell, 1987 – Biblische Vorträge. (Auch in Portugiesisch übersetzt.)

20) Malmsheimer Predigten, Verlag der Liebenzeller Mission, Bad Liebenzell, 1988 – Predigten.

21) Josua, Verlag der Liebenzeller Mission, Bad Liebenzell, 1989 – Biblische Vorträge.

22) Wastl, die Geschichte eines Pfarrdackels, Verlag Johannis, Lahr, 1989 – Humoristik.

23) Salomo, Israel am Scheideweg, Verlag der Liebenzeller Mission, Bad Liebenzell, 1989 – Biblische Vorträge.

24) Alle Lande sind seiner Ehre voll, Verlag der Liebenzeller Mission, Bad Liebenzell, 1990 – Predigten.

25) Erinnerungen eines alternden Pfarrdackels, Verlag Johannis, Lahr, 1990 – Humoristik.

26) Jüdische Feste – christliche Deutung, Verlag der Liebenzeller Mission, Bad Liebenzell, 1990 – Biblische Vorträge.

27) Die geheimnisvolle Gegenwart Gottes (mit Gemälden von Caspar David Friedrich), Verlag Johannis, Lahr, 1990 – Kunst als Verkündigung.

28) Wastls Tips für Taps, Verlag Johannis, Lahr, 1991 – Humoristik.

29) Seine Herrlichkeit erscheint über dir (mit Gemälden alter Meister), Verlag Johannis, Lahr, 1991 – Kunst als Verkündigung

30) Meine Augen haben deinen Heiland gesehen (mit Gemälden von Rembrandt), Verlag der Liebenzeller Mission, Bad Liebenzell, 1991 – Kunst als Verkündigung.

31) Was erwartet uns, herausg. von David Jaffin, Verlag der Liebenzeller Mission, Bad Liebenzell, 1991 – Biblische Vorträge.

32) Jesus, du Sohn Davids, Verlag Johannis, Lahr, 1992 – Psalmen – Auslegungen I.

33) Die großen Richter, Verlag der Liebenzeller Mission, Lahr, 1992 – Biblische Vorträge.

34) In der Weite der Zeit, Verlag Johannis, Lahr, 1992 – Gebete.

35) In deiner Stille gehalten, Verlag Johannis, Lahr, 1992 – Gebete.

36) Das Jesaja-Evangelium, Verlag der Liebenzeller Mission, Lahr, 1992 – Biblische Vorträge.

37) Unerfüllte Sehnsucht (mit Gemälden von Van Gogh und Gauguin), Verlag Johannis, Lahr, 1992 – Kunst als Verkündigung.

38) Von unsichtbarer Hand gezeichnet, Verlag Johannis, Lahr, 1993 – Gebete.

39) Gereift zu deiner Ernte, Verlag Johannis, Lahr, 1993 – Gebete.

40) Solange die Sonne währt, blühe sein Name, Verlag Johannis, Lahr, 1993 – Psalmen – Auslegungen II.

41) Der kleine Prophet im großen Wal, Verlag der Liebenzeller Mission, Lahr, 1993 – Biblische Vorträge.

42) So daß mein eigener Schatten bricht, Verlag Johannis, Lahr, 1994 – Aphorismen.
43) 14 New Poems, Shearsman International Poetry Magazine, Plymouth, England, 1994 – Lyrik.
44) Die Propheten, unsere Zeitgenossen, Verlag der Liebenzeller Mission, Lahr, 1994 – Biblische Vorträge.
45) Über sich selbst hinaus, Eichhörnchensprünge, Verlag Johannis, Lahr, 1994 – Aphorismen.
46) Israels Erwählung und endzeitliche Bedeutung, Verlag der Liebenzeller Mission, Lahr, 1995 – Biblische Vorträge.